BAGUS SEKALI! 3
TEXTBOOK

Kim Cartwright and Soepri Soehodo
Photography by Soepri Soehodo and Julie Newnham

CIS·Heinemann

Visit the *Bagus sekali!* website at:
cisheinemann.com.au/bagussekali

First published 2000 by CIS•Heinemann
A division of Reed International Books Australia Pty Ltd
22 Salmon Street, Port Melbourne, Victoria 3207
Telephone (03) 9245 7111
Facsimile (03) 9245 7333
World Wide Web hi.com.au
Email info@hi.com.au

Offices in Sydney, Brisbane, Adelaide and Perth.
Associated companies, branches and representatives around the world.

2009	2008	2007	2006	2005	2004	2003	2002	2001	2000
10	9	8	7	6	5	4	3	2	1

Commissioned and edited by Hilary Royston
Contributing authors: Julie Newnham and Elise Wackett
Photographs by Soepri Soehodo and Julie Newnham
Designed by Penelope Richardson
Cover design: Aisling Gallagher
Design assistance: Aisling Gallagher, Kirstin Lowe, Jim Walsh, Kim Lumsden
Illustrations by Caveboy Studios
Other illustrations by Roger Harvey and Karen Young

Film by Typescan
Printed and bound by Craft Print Pte Ltd, Singapore

National Library of Australia Cataloguing-in-Publication data:
    Cartwright, Kim Maree, 1966–.
        Bagus sekali! 3.

    ISBN 1 876209 55 0.

    1. Indonesian language – Textbooks for foreign speakers – English. 2. Indonesian language – Study and teaching (Secondary) – English speakers.
    I. Soehodo, Soepri, 1965–. II. Newnham, Julie Maree, 1972–. III. Title.

499.221

STUDENT CONTENTS

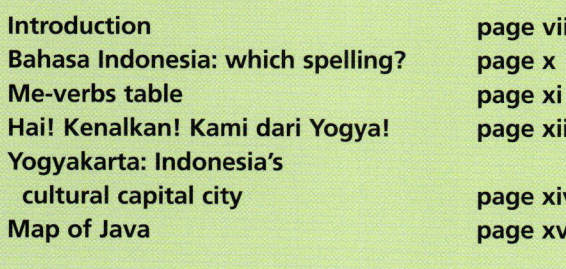

CONTENTS

CONTENTS (FOR THE TEACHER)

BAGUS SEKALI! 3

CONTENTS

CONTENTS (FOR THE TEACHER)

ACKNOWLEDGEMENTS

We would like to thank the following people and organisations for their assistance in contributing to, collecting and producing material for this book. Without their support, this course could not have been written. Please note that while the contents of this book are based on real people and events, some details have been altered for pedagogical purposes.

Language and teaching consultants
- Malcolm K Smith, MK Smith and DM Manungkalit-Smith Language Services and Language Training, QLD
- Matthew Eddy, Heathmont Secondary College, former VILTA President
- Rini Sarwo-Kristien, Years 11–12 Project Officer SALS Indonesian, Department of Education
- Yacinta Kus Kursihan, Indonesian and Javanese Lecturer, Monash University

Contributors
- Julie Newnham, not only for her excellent photography and research on location in Yogyakarta, but also for her great ideas, ongoing support and teamwork throughout the entire project
- Elise Wackett, for her valuable contribution to the planning and designing of the project and also for her creativity, enthusiasm and essential constructive feedback with activities
- The many teachers and consultants across Australia who gave up their time to provide helpful comments and suggestions during the development of the *Bagus sekali!* course

In Yogyakarta, Indonesia
Our 5 teenage 'stars' for their enthusiasm, reliability, cooperation and the amount of time they gave to the project:
- Hendri Gunawan Wibisono
- Yeyen Tungga Dewi
- Imam Wirawan Zurmanda
- Muhammad Hadhi Kurniawan
- Nurita Ratna Juwita Nasution
- as well as our 'guest stars' Wahyu Hermawan, Zazuli Syaefullah Raharjo (Ipul) and Vincent (Mick)

- Harry Soehardono Soehodo for his ongoing support and assistance
- Setya Rahayu for her time and organisation, which was most appreciated
- Agus Rukmono Hadi and Rifki Kusumo Harimawan for letting us use 'Tjokrosuharto' art and craft shop, and for their time and enthusiasm
- Keluarga Hartanto for their assistance and hospitality
- Dadang Rachmat, Lelly Setyaningsih, Hanni Kusumah Wardhani, Hanna Handayani Pertiwi for their support and assistance which was most appreciated

The following families for their generosity and valuable contribution:
- keluarga Zulkify, keluarga Aminul Syafrudin Nasution and keluarga Bambang Susanto

A special thank you to:
- Hendro Suseno (the dukun)
- Dr. Tandean Arif Wibowo (the doctor)
- Dr. Sugiono

The publishers would like to thank the following individuals and organisations who assisted with our research, permitted us to photograph them on location, or who kindly gave their permission to reproduce copyright material in this book.

In Yogyakarta, Indonesia
- Keraton
- Ramai Supermarket management
- Java Kafe management & staff
- Kafe Borobudur management & staff
- Beringhardjo market
- Tjokrosuharto art and craft shop management & staff
- New Popeye music shop management & staff
- Kasongan village (pottery)
- Raradjonggrang Batik Home Industry management & staff
- Pucung village (shadow puppets)
- Mataram Theatre management
- 'Imol' Warnet (Internet cafe) management & staff

In Bandung, Indonesia
- A very special thank you to Ririen Ariani and Enu Toyib, keluarga Bambang Pamudji Santoso, keluarga Otang, and keluarga besar Soehodo for giving us the opportunity to capture every moment of a very special wedding

For their enthusiasm, hospitality and kindness:
- modern artist Syarief Hidayat
- Sanggar Olah Seni Bandung
- STSI students and staff, especially Lili Suparli
- Cupumanik Wooden puppet factory, management & staff
- Saung Angklung Mang Udjo, Udjo Ngalagena family and staff

In Bali, Indonesia
- SLTPN1 Denpasar
- Wooden carving shop, Ubud

In Australia
- Jenny Stewart from Perth for the photos of orang-utan in Tanjung Puting, Kalimantan
- Koswara Sumaamijaya in Melbourne for his expertise and cultural advice

Photo credits
Back cover painting: 'Mr Pop' courtesy Syarief Hidayat
p xii (section of map of Yogyakarta) Kadin Pariwisata Prop. Daerah Istimewa Yogyakarta
p 67 (painting 'Mr Pop'), pp 70–71 (paintings 'Jago di pagi hari', Dialog III; photo) courtesy Syarief Hidayat
p 69, 84 (CD cover 'Ska phobia') PT Aquarius Musikindo, Jakarta
p 84 (photo: Tipe-X) Majalah Anita Cemerlang-Bacaan Idola Remaja, Jakarta.
p 98 Jakarta International Film Festival (JiFFest)
pp 116–117 (orang-utan at Tanjung Puting) Jenny Stewart
pp 107–108 (photos: tiger, orangutan, burnt forest, cleared forest) courtesy of WWF Australia
pp 116–117 (photos: jungle trekking and white water rafting) PT Sobek Bali Utama Sanur, Bali
pp 116–117 (photo: boat) The Highland Luxury Safari Lake Reserve
p 126 (Neo Koniform 4 tablet *diare* packet) used with permission by PT Konimex, Ds. Sanggrahan Grogol – Solo
p 126 (Ultraflu packet) PT Henson Farma Surabaya Indonesia
pp 126, 134–135 (Jamu packets: *Pilek, Sakit perut, Sakit kepala, Olah Raga, Napsu Makan*) Jamu Air Mancur, Solo; (Jamu packet *Kecantikan Sinlik*) PT Meditrika Agung Indonesia; (Jamu packet Esha *Khusus Untuk Pria*) PT Industri Jamu Jago, Semarang; (Jamu packet *Jerewat, Tensi*) PT Sido Muncul, Jakarta
p 142 (KaWanku magazine cover) Majalah Kawanku, Jakarta
p 145 Song 'Pe-de' performed by Sheila on 7, courtesy of Sony Music Indonesia

Note: Despite every effort, the publishers were not always successful in tracing all copyright owners. Should this come to the attention of the copyright owners concerned, the publishers request that they contact them so that proper acknowledgement can be made in any reprint of this book.

Personal acknowledgements
Kim Cartwright and Soepri Soehodo would like to thank their families and friends, who have provided invaluable support.

In addition, Kim would like to thank: Lindsay Becker, Annie Watkins, Robyn Davis, Olive McCrae, Deirdre Stewart, Jim Sneddon, Malcolm Smith, Bu Ani and Pak Zaini Machmoed, and the staff and students of Mallacoota P–12 College.

CREDITS

INTRODUCTION (FOR THE STUDENT)

Bagus sekali!

Bagus sekali! 3 is the third level of a three-stage Indonesian course, following on from *Bagus sekali! 1* and *2*. It provides you with challenges to extend your learning and make your language use more sophisticated, as well as providing you with lots of opportunity to practise and use the Indonesian you already know!

You will get to know Nurita, Yeyen, Hadi, Imam and Hendri, Indonesian teenagers from Yogyakarta, and see what their lives are really like. *Bagus sekali! 3* is a great opportunity to get close to real life in Java, Indonesia, without actually getting on a plane!

Photo-stories

Each chapter (**langkah**) starts with a photo-story that gives you a quick insight into the life of a teenager in Yogyakarta. Through the photo-stories you will learn about the friendships, troubles and day-to-day experiences of Nurita, Yeyen, Hadi, Imam and Hendri, and later get to meet two other friends, Wahyu and Ipul.

All the new things you will learn in each **langkah** are in the photo-story, and you can come back to it as often as you like. If you look at the list of words at the end of the photo-story (**Kata-kata baru**), and the hints on grammar (**Tidak begitu susah!**) before you read and listen to the photo-stories, you will have a good handle on any new language. You might like to look at the photos and skim-read them first as well, to get the gist of what's happening before you cover it in class.

Speaking drills: Cobalah ini!

Speaking in another language is often tricky – so all the new sentences and phrases you will need are taken out of the photo-stories and practised in small, bite-sized pieces in this section called **Cobalah ini!** This will let you ask and answer questions in **bahasa Indonesia** until you feel comfortable with the new language.

The trick to these sections is to change the bits in **bold**. This means that you practise the same sentence structures, but with lots of different examples. Another hint is to take note of the bullets and triangles – they'll tell you when a different person should be speaking. Here is an example from page 6:

A Ask about someone's personality.

● Bagaimana sifat **Imam**?

(Here you change the name.)

▲ **Imam**/Dia **ramah dan lucu**.

*(Here your partner changes the adjective. They can use **Imam** or **Dia** in the sentence.)*

Extended speaking activities: Bicara bebas!

Once you do a drill a few times, you'll have it to use in any situation, so you can try it out in your next **percakapan** (conversation). This section, called **Bicara bebas!** (Talk freely!), deliberately uses the phrases and sentences you have just been practising in the drills, and gives you a chance to have a real conversation. The situation might be on the phone, doing a survey, making up a role-play, presenting a TV segment etc. It's where you and your friends get to put together questions and answers, opinions, thoughts, feelings and so on, and really get to use your Indonesian!

Pair, group or whole class activity?

These buttons which are usually displayed next to a **Bicara bebas!** activity, give you a quick idea of how many people you'll need to work with. Some activities can work well in a variety of different group sizes. In these cases there's no button – it's up to you and your teacher.

Refer to:

Refer to: p 14 **Pe**-nouns and Occupations

This is another helpful tip which you will see connected to activities, especially **Bicara bebas!**, where you are using the Indonesian phrases you've just learnt. These reference points will give you more information about the language points being practised.

Extension: Berani coba?

The heading **Berani coba?** offers you a challenge, which you can accept if you are **berani coba** (brave enough to try)! This section will give you ideas on other things you can do with the new language you're learning and it's great to do if you're already finished your activity. So, challenge yourself – see how far you can go!

INTRODUCTION

Grammar and language explanations: Tidak begitu susah!

This section explains what is really going on 'behind the scenes' with the language you are learning. It shows you how things are put together, how they work, and how you can be in control. There are always examples to show you how it's done, tips on what to look out for, and reminders of things you've already learnt. It's deliberately designed to be **tidak begitu susah!** (not too hard!) so **jangan kuatir!** (don't worry!).

Reading segments: Bacalah ini!

There are lots of opportunities to read different pieces of information in **Bahasa Indonesia**, taken from real situations, to help your comprehension skills. You'll read from text types such as:

- recipes
- quizzes
- horoscopes
- magazine articles
- diary entries
- tourist brochures
- emails
- photo-stories
- poems
- role-plays
- songs
- catalogue entries
- packaging
- letters
- advertising
- signs

Footnotes are provided to help you out with unfamiliar words. You don't have to learn these – so they're not included in the **Kata-kata baru** of the **langkah** or in the **Kosa kata** at the back of the textbook. They will just help you to understand the text type you are reading.

New words: Kata-kata baru, Useful phrases and Kosa kata

Each **langkah** has a list of the new words that have just been introduced. As each **langkah** progresses the new words introduced will build on your knowledge from the previous **langkah**. It's a great idea to keep your own progressive wordlist as you work with each **langkah**, perhaps in a Word document or Excel spreadsheet.

Look out for the section called **Useful phrases**. They will help you become familiar with the new things you are learning to say. The **Kosa kata** (vocabulary list) in the back of the book has a full list of all new words that have been introduced. This is a great spot to check any time that you are searching for words yourself! Note that the sections marked **Footnotes** have not been included in the **Kosa kata**.

Cultural sections: Indonesia asyik!

As the name suggests, Indonesia has a lot of fantastic and interesting things to learn about. In these sections you'll find information about these, as well as hints for good etiquette when you're in Indonesia. You'll get information that will really give you insights into a country so close to, but so different from, Australia. And you'll develop an understanding of Indonesia which will really help you use your language skills with confidence!

Maps: Peta Indonesia and Peta Jawa

There are two main maps in this *Textbook*. One is of **Indonesia**, while the other is of the island of **Java**, where Nurita, Yeyen, Hadi, Imam and Hendri live! These maps will help you locate the places talked about in each **langkah** as well as give you extra information and geographical features.

Workbook: Buku catatan

Your personal *Workbook* gives you opportunities to practise writing the new expressions you are learning. It also provides you with loads of fun listening activities, puzzles and extra activities to do when you're not busy speaking and listening!

Teacher's Electronic Resource (TER)

When you see the TER symbol in the textbook it means that there are materials in the *Teacher's Electronic Resource* to support the activity you are doing. There are also tips on how the activities can be used, changed or extended to suit your classroom. Also extra game cards, worksheets and printable copymasters which can't fit into the textbook will be found in the TER – so it can save you and your teacher a lot of time!

Audio CDs

Listening to real Indonesian speakers is the only way to properly train your ear to the authentic sounds of **bahasa Indonesia**. The *Audio CDs* let you experience being immersed in the language while you are sitting in the classroom. You'll be listening to the CDs for the photo-stories, listening activities, songs and some reading sections, and to practise making your pronunciation sound really accurate!

Now that the sections of your **Bagus sekali! 3** course have been explained…**Mudah-mudahan semua jelas? Jadi, jangan malu, ya! Langsung belajar bahasa Indonesia dan semoga sukses!***

*Hopefully that makes it all clear? So don't hold back! Get straight into learning Indonesian, and good luck!

BAHASA INDONESIA: WHICH SPELLING?

Capai, cape or capek? Don't worry, they all mean the same thing!

Bahasa Indonesia has considerable variation in spelling and usage of the language, as it is continually in a process of change. (It is similar to English in this respect, for example 'shop' is no longer spelt 'shoppe'.) **Bahasa Indonesia** is also influenced not only by the Western world, but also by its many regional dialects.

So don't worry if you see Indonesian words which are slightly different to the ones you use, often they are both correct! A good example of this is the word for 'friend'. Both **teman** and **kawan** are equally acceptable, and for simplicity this book has used **teman** only. However **kawan** can be used instead any time you like.

Here is a list of words and the variation we have used, to make things a bit clearer.

Standard Indonesian	Popular variation	Meaning	Variation used in *Bagus sekali!*
cokelat	coklat	chocolate	coklat
capai	cape, capek	tired	cape
cabai	cabe	chilli	cabe
negara	negeri	country	negara
Inggris	Inggeris	English	Inggris
kari	kare	curry	kari
cecak	cicak	gecko	cicak
bus	bis	bus	bis
khawatir	kuatir, kawatir	to worry	kuatir
keraton	kraton	palace	keraton
musik rok	musik rock	rock music	musik rock
musik jaz	musik jazz	jazz music	musik jazz
menelepon	menelpon	to telephone/call	menelepon
Australia	Australi	Australia	Australia
Italia	Itali	Italy	Italia

Usually the popular usage is more common in conversation and is less formal. This is worth bearing in mind as it is wise to choose **standard Indonesian** when writing more formal, extended pieces!

The language used in this textbook is standard formal and informal Indonesian, with some examples of slang in **Langkah 6** and **8**. The latest **Kamus Besar** (2nd edition) is the source used for accuracy. The aim of *Bagus sekali!* is to help you communicate effectively in Indonesian, so less formal language, which is appropriate between friends, is used in the dialogue of the photo-stories which begin every **langkah**. More formal language is used in the captions.

Hati-hati! In more casual speech, Indonesians often drop the first part of the verb. Here are some examples from the second photo-story in **Langkah 4**:

> …**Saya mau** beli **CD yang ini…**
> …I want to buy this CD…
> …**saya** punya **banyak sekali koleksi Mozart di rumah.**
> …I've got a really big collection of Mozart at home.

Beli and **punya** are examples of **ber-** and **me-**verbs that have been shortened to make them sound really casual.

The main point to remember is that it is fine to use popular usage and even sometimes some slang when you are around your friends, but try to stick with standard Indonesian when you are writing formal letters, doing assignments, or addressing people you don't know.

Which 'you'?

Don't forget to pay special attention to this rule when you use the word 'you'.

anda	formal and necessary when addressing someone older or someone you don't know. You may also use **Ibu** or **Bapak** here too
kamu	fine with friends and brothers/sisters (but not with your **Bu** or **Pak**!)
engkau	only okay with very close friends or younger children

Me-verbs table

Just for your reference!

Prefix word	Base word begins with...	Example	Meaning	Base
me-	l	melihat	to see	lihat
	m	memandikan	to wash someone	mandi
	n	menyanyi	to sing	nyanyi
	r	merusak	to destroy	rusak
	w	merwarnai	to colour in	warna
mem-	b	membantu	to help	bantu
	p → ₚp′	memotong	to cut	potong
men-	d	mendengar	to hear	dengar
	j	menjemput	to pick up someone (from airport etc.)	jemput
	c	mencari	to look for	cari
	y	meyakinkan	to convince someone	yakin
	t → ₜt′	menulis	to write	tulis
meng-	h	menghapus	to erase	hapus
	g	menggosok	to brush	gosok
	a	mengambil	to fetch	ambil
	e	mengeja	to spell	eja
	i	mengisi	to fill up	isi
	o	mengobrol	to chat	obrol
	u	mengukir	to carve	ukir
	k → ₖk′	mengirim	to send	kirim
meny-	s → ₛs′	menyebut	to mention	sebut

It is important when using these rules not to get too worried about remembering all of them at once – the trick is just to remember one word in each category that sticks with you. For example: **membaca** or **membawa**. You will then have automatically remembered the rule for all base words starting with **b-**, and so on.

M · E · V · E · R · B · S

HAI! KENALKAN, KAMI DARI YOGYA!

Do you know where Yogyakarta is? It's the cultural capital of Indonesia, on the island of Java – and it's our home!

Data pribadi
Personal details

Imam

Nama lengkap:	Imam Wirawan Zurmanda
Nama panggilan:	Imam
Umur:	15 tahun
Tanggal lahir:	5 Agustus 1984
Tempat lahir:	Sragen, Jawa
Bintang:	Leo
Hobi:	Sepak bola, bermain gitar
Musik fav:	Ska (Tipe-X); klasik
Makanan fav:	Coklat, sate
Minuman fav:	Es teh
Pada waktu luang:	Ke rumah teman, jalan-jalan di mal
Acara TV fav:	*Liga Itali Seri A*, *Liga Utama Inggris* (sepak bola)

Hendri

Nama lengkap:	Hendri Gunawan Wibisono
Nama panggilan:	Hendri
Umur:	15 tahun
Tanggal lahir:	21 April 1984
Tempat lahir:	Yogyakarta, Jawa
Bintang:	Taurus
Hobi:	Taekwondo
Musik fav:	Slow rock (Alanis Morisette, Gigi)
Makanan fav:	Pizza
Minuman fav:	Coca-Cola
Pada waktu luang:	Jalan-jalan di mal
Acara TV fav:	*Planet Football*

KENALKAN

Yeyen

Nama lengkap:	Yeyen Tungga Dewi
Nama panggilan:	Yeyen
Umur:	14 tahun
Tanggal lahir:	14 Juli 1985
Tempat lahir:	Yogyakarta, Jawa
Bintang:	Gemini
Hobi:	Berenang, bersepatu roda
Musik fav:	Pop (Sheila on 7, Eross)
Makanan fav:	Sup jagung
Minuman fav:	Es kopi
Pada waktu luang:	Ke rumah teman
Acara TV fav:	*MTV*

Hadi

Nama lengkap:	Muhammad Hadhi Kurniawan
Nama panggilan:	Hadi
Umur:	16 tahun
Tanggal lahir:	9 Oktober 1983
Tempat lahir:	Jakarta, Jawa
Bintang:	Libra
Hobi:	Berenang, bersepeda
Musik fav:	Alternatif
Makanan fav:	Coklat, bakso
Minuman fav:	Air putih
Pada waktu luang:	Ke rumah teman
Acara TV fav:	Acara kuis

Nurita

Nama lengkap:	Nurita Ratna Juwita Nasution
Nama panggilan:	Nurita
Umur:	14 tahun
Tanggal lahir:	28 November 1985
Tempat lahir:	Yogyakarta, Jawa
Bintang:	Sagitarius
Hobi:	Berenang, mendengarkan musik
Musik fav:	Pop (Backstreet Boys); gitaris (Tohpati)
Makanan fav:	Lasagne
Minuman fav:	Es jeruk
Pada waktu luang:	Jalan-jalan di mal, ke kolam renang
Acara TV fav:	*Friends, MTV*

KATA-KATA BARU

Nama lengkap	full name
Nama panggilan	given name or nickname (the name your friends and family use)

HATI-HATI!

It is common in Indonesia to shorten words for convenience. For example **favorit** becomes **fav**. Note that this is only used in casual situations like conversations or in magazines.

KENALKAN

YOGYAKARTA

Indonesia's cultural capital city!

Ayo ikut kita ke tempat-tempat yang sangat menarik di kota Yogyakarta!

Jalan Malioboro

Yogyakarta

Jalan Malioboro – Malioboro Street

Jalan Malioboro is one of the main tourist destinations in Yogyakarta, as it is always alive and bustling. The cultural focus of the city attracts a lot of tourists to Yogya, and Jalan Malioboro is famous for being crammed with stalls – selling everything you can imagine, and usually for a good price! It is now Yogya's prime commercial area for all kinds of business people from wealthy tycoons to streetsellers who use its footpaths to sell a few small items.

Modern music in Yogya

Yogya is also famous for its vibrant music industry and great nightlife. In the last five years the music industry in Yogya has really expanded. Yogya is now only second to Bandung and Jakarta, the two centres of modern Indonesian music. There's a real variety of music here from pop, rock, ska, funk and dance music. Lots of bands play to all hours of the morning in pubs, cafés and clubs. Often musicians start playing in school bands, and then go on to form their own groups. While there are heaps of cover bands, there are also lots of bands who write their own original music, such as Sheila on 7.

Candi Borobudur and Candi Prambanan

On the plain of Kedu, near Yogyakarta, stand the largest examples of sacred architecture in Java. Here stands the beautiful Hindu temple complex of Prambanan, as well as the world-famous Hindu–Buddhist temple of **Borobudur**.

Candi Borobudur

Borobudur is one of the greatest Buddist temples in the world. However, the initial construction was planned and started by Hindu builders around 775 AD. It was later finished by the Sailendra kings during the Buddhist Sailendra dynasty from 790 to 850 AD. Soon after this, the Sailendra kings moved their court to East Java and for centuries the site lay forgotten, buried under layers of volcanic ash and jungle growth. It wasn't until 1815 that it was re-discovered by the then British Lieutenant Governor of Java, Sir Stamford Raffles. In the early 1900s the Dutch rulers of Indonesia began the first restoration of Borobudur. In 1973 another restoration project was started on the monument. It took 10 years and US$21 million to complete it!

Walking around Borobudur's circular series of terraces, with their elaborate carvings, you symbolically spiral upward from the everyday world to a state of absolute nothingness or, as Buddhists call it, **Nirvana** (heaven). Near the top there are 72 small **stupas** (bell shapes), each containing a beautiful, large statue of the Buddha. It is said that if you reach through the spaces in the stone bell-shape and touch the Buddha with your hand it will bring you good luck and what you wish for will come true!

Borobudur

Candi Prambanan

Prambanan Temple was constructed in the middle of the 9th century, about 50 years after Candi Borobudur was finished. It is easily the most outstanding example of Hindu architecture in Indonesia. It is actually a complex of temples called Candi Loro Jonggrang, but is better known Prambanan. The temple gets its name from the village of Prambanan where it is located.

Nah! Kita sedang di Keraton, menunggu pertunjukan gamelan, tapi ada banyak tempat lain yang bagus sekali! Ayo, datanglah ke Yogya!

Candi Prambanan   **Yogyakarta**

Prambanan contains more than 250 temples, most of which are in ruins. There are eight main temples in the central courtyard, the largest being the temple to the Hindu Goddess Shiva.

If you visit the temple on a clear moonlit night you might just be lucky enough to see a live performance of the famous Ramayana Ballet, with this haunting temple structure silhouetted in the background!

There's so much more!

Yogya has so many fantastic places to visit, from the sultan's palace called the **Keraton** to all the fascinating batik factories, silversmith's shops

and **wayang kulit** makers – you will have to bring an extra bag for all the shopping! If you've got time you can stay and study these arts yourself, since Yogya has heaps of cultural schools and art courses. **Keren, ya?**

You can also visit the beautiful beach of **Parangtritis**, not far away, and find out more about the local legend of **Nyai Roro Kidul**, the queen of the south seas who likes to take swimmers wearing green under the ocean to keep for herself!

Tekno tips! 💻

To find out more about Yogyakarta you can do your own Internet research. Use these key words in a search for loads more information and great images:

Yogyakarta, Borobudur, Prambanan, Keraton or Kraton, Batik, Wayang Kulit, Parangtritis, Ramayana Ballet, Indonesia.

Candi Prambanan

KENALKAN

JAWA

SUMATRA
• Bandar Lampung

Gunung Krakatau

Selat Sunda

JAKARTA

Bogor

JAWA BARAT

Bandung •

Barat

Utara

Selatan

Timur

0
50
100 km

JAWA

Pantai Parangtritis

Borobudur

Magelang

Yogyakarta

DAERAH ISTIMEWA YOGYAKARTA

D.I.Y.

Prambanan

Gunung Merapi

Surakarta (Solo)

Semarang

JAWA TENGAH

Laut Jawa

Lautan India

JAWA TIMUR

Malang •

Surabaya

△ Gunung Bromo

MADURA

Grajagan (G-Land)

Selat Madura

Denpasar

BALI

105B

110B

110B

115B

115B

10B

5B

PETA JAWA

LANGKAH 1

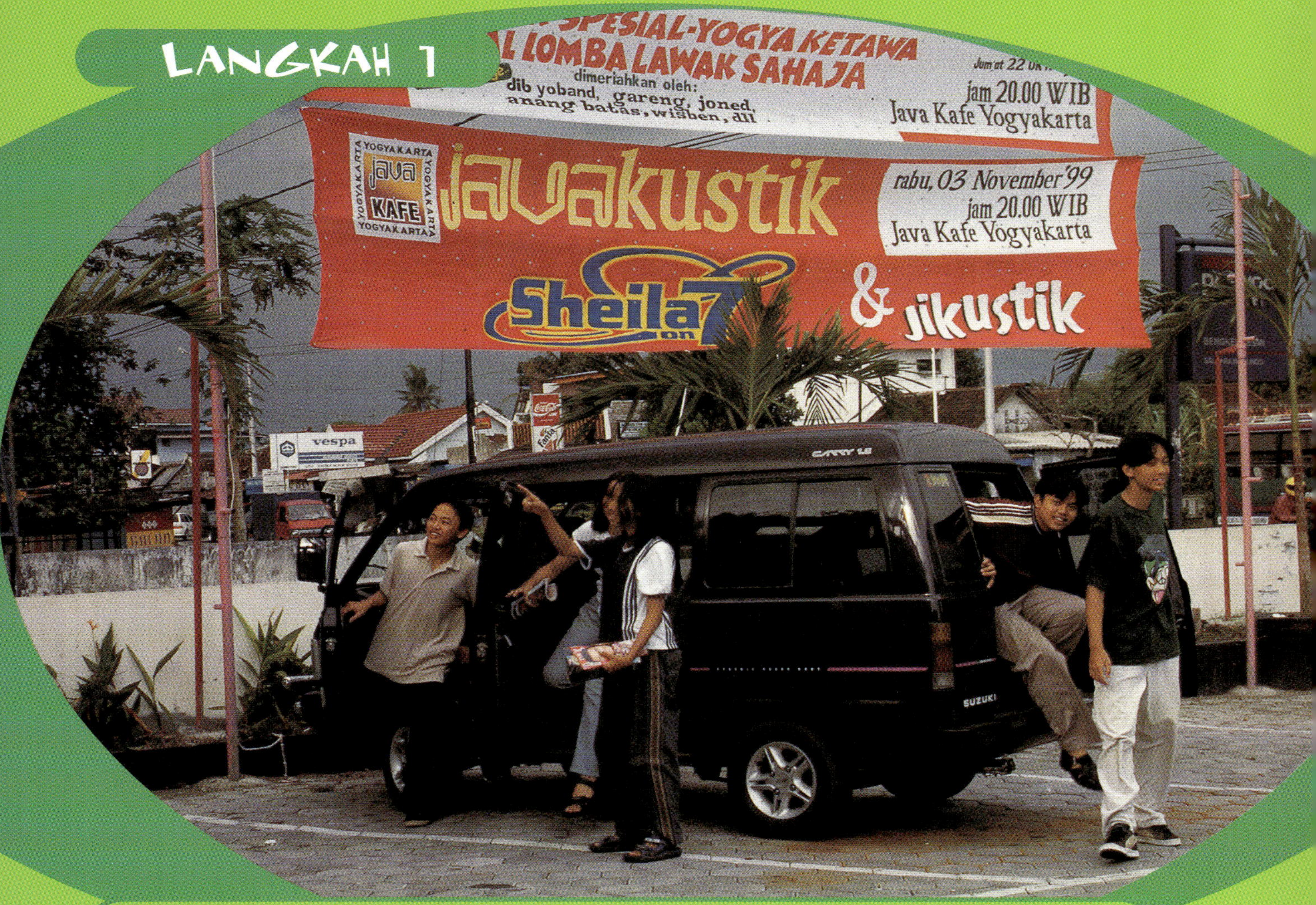

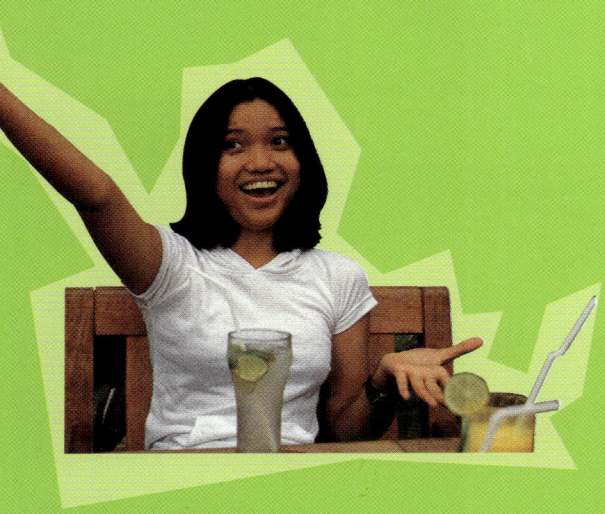

SIAPA SAYA?

YOU'LL LEARN HOW TO:

- describe your personality
- describe a friend's personality
- read your star sign predictions
- talk about careers you might like to do
- say if someone is suitable for a particular career
- disagree with someone
- find out about someone you don't know at all

MAU MENJADI PENYANYI? YANG BENAR?!

Sesudah sekolah selesai pada hari Sabtu sore Nurita, Yeyen, Hendri, Imam dan Hadi pergi ke Java Kafe.

Hadi selalu santai tetapi Imam tidak begitu sabar!

1 Kita sudah sampai di Java Kafe.

Asyik!

2 Hari ini panas sekali. Minum air jeruk enak!

Ayo, Hadi, cepatlah!

3 Mau minum apa, adik-adik?

Saya minta air limun dan empat air jeruk, Mbak.

4 Ini air limun dan empat air jeruk.

Terima kasih!

Kembali.

Mbak cantik, ya!

Imam ramah sekali!

5 Tiba-tiba Nurita mulai menyanyi, tetapi suaranya tidak begitu bagus!

Saya mau menjadi penyanyi terkenal! Perhatikanlah!! La-la-la-la, la-la-la-la...

Aduh!

Aduh!

6 'Kuingin kembali, tanpa resah hati…'

7 Aduh, yang benar?

Kamu terlalu pe-de.

Aduh, Nurita!

Kalian jahat sekali.

8 Hendri dan Yeyen jujur sekali kepada Nurita...

Dan kamu juga kurang trendi untuk menjadi penyanyi!

Tapi saya trendi sekali dan pandai menyanyi.

Saya tidak setuju! Suara kamu jelek!

9 Wah! Tidak benar! Suara saya bagus sekali!

10 Yeyen pikir ada karir lain yang lebih cocok untuk Nurita...

Ayo, kita membaca bintang kamu di majalah ini. Bintang kamu apa?

Saya lahir pada tanggal 17 Desember, jadi bintang saya…

11 Yeyen membaca bintang Nurita.

Bintang kamu Sagitarius.

Ya, yang ini!

12

Sagitarius (23 Nov - 21 Des)

Jangan terlalu **percaya diri** karena akan **membuat** anda **dijauhi** oleh teman-teman anda. Anda suka ke luar kota. Anda tidak begitu **cocok** untuk berkerja dengan orang. Anda suka binatang jadi anda cocok untuk menjadi dokter hewan.

Karir: Anda suka ke luar kota. Anda tidak begitu **cocok** untuk berkerja dengan orang. Anda suka binatang jadi anda cocok untuk menjadi dokter hewan.

Rider Strong, 11 Desember

Kamu tidak cocok untuk menjadi penyanyi. Kamu lebih cocok untuk menjadi dokter hewan!

Tapi saya tidak suka binatang. Saya tidak mau menjadi dokter hewan!

13

Tetapi saya masih mau menjadi penyanyi! La-la-la-la-la-la…

14

Ayo, cepat, sebelum Nurita menyanyi lagi!

15

Kalian mau ke mana?

Kami mau pulang, telinga kami sakit!

He! Tunggu sebentar! Saya belum selesai menyanyi! Tunggu! Tunggu!

16

LANGKAH 1

KATA-KATA BARU

adik-adik	term of address for people younger than yourself	membuat	to make
bintang	star, horoscope	menjadi	to become
dijauhi	to be far away from	penyanyi	singer
dokter hewan	vet	pe-de	self-confident (short for **percaya diri**)
jadi	so		
jangan	don't	perhatikanlah	pay attention to this
kalian	all of you	pikir	to think
karir	career	tapi	but (short for **tetapi**)
'kuingin kembali, tanpa resah hati...'	'I want to go back, without a restless heart'	terkenal	famous
		terlalu	too
		tidak setuju	don't agree
Mbak	term of address for females older than you	yang benar?	is it true?, is he/she for real?

Don't mix up **bintang** and **binatang**!! **Bintang** means 'star' or 'horoscope', while **binatang** means 'animal'. Here's one way for you to remember: the extra **a** in **binatang** is for 'animal'.

JANGAN LUPA!

Anda is used for 'you' in formal situations and whenever you are talking to people you don't know. This is why you will see it used a lot in notices, newspapers etc. Here's an example from a horoscope:

Sekolah: Minggu ini cukup bagus untuk anda.
School: This week will be OK for you.

TIDAK BEGITU SUSAH!

1 Hey, we're at the...! Kita sudah sampai di...

Kita sudah sampai di... is how you say 'Ah, good, we're at the...!' or 'Ah – here we are!' This is a handy phrase to use, especially when you're travelling or just hanging out!
  Kita sudah sampai di Java Kafe.   Here we are at the Java Kafe.

2 Saying someone is suited to something: cocok untuk...

To talk about whether people or things are suitable, use the following expressions:

cocok	suitable, suited
tidak begitu cocok	not really suitable or suited
tidak cocok	not suitable or suited to

JANGAN LUPA!
Don't forget the golden rule of pronunciation
c = 'ch'.

To say 'suited to' or 'suitable for', use **cocok untuk**.
Here are some examples:
  Kamu cocok untuk menjadi apa?
  What are you suited to?
  Saya cocok untuk menjadi guru.
  I would make a good teacher (I'm suited to it).
  Dia tidak begitu cocok untuk menjadi penyanyi!
  She's not really suited to becoming a singer!

LANGKAH 1

COBALAH INI!

1 Mau menjadi apa?
What do you want to be?

Refer to: p 14 Pe-nouns and Occupations

Hai, nama saya Yeyen. Saya cerdas tetapi tidak sombong. Kalau saya sudah besar, saya mau menjadi peragawati. Bintang saya **Gemini**.

Yeyen

Selamat siang! Nama saya Imam. Saya ramah dan lucu tapi tidak begitu sabar, dan saya sedikit bandel. Kalau saya sudah besar, saya mau menjadi pemasak! Bintang saya **Leo**.

Imam

Selamat siang, nama saya Nurita. Saya pe-de dan sedikit cerewet. Saya suka menyanyi – kalau saya sudah besar, saya mau menjadi penyanyi terkenal! Bintang saya **Sagitarius**.

Nurita

Halo, nama saya Hendri. Saya sportif dan pemberani. Saya juga suka berolahraga – kalau saya sudah besar, saya mau menjadi olahragawan (atlet taekwondo)! Bintang saya **Taurus**.

Hendri

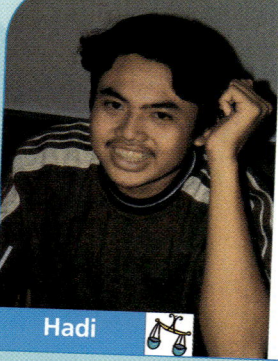

Hai! Nama saya Hadi. Saya santai, sabar dan jujur. Saya pandai matematika dan suka sekali uang!! Kalau saya sudah besar, saya mau menjadi pegawai bank! Bintang saya **Libra**.

Hadi

A Ask about someone's personality.

▲ Bagaimana sifat **Imam**?

● **Imam**/Dia **ramah** dan **lucu**.

B Discuss someone's personal characteristics.

▲ Apakah **Imam** pemalu?

● Bukan, dia bukan **pemalu**. Dia sedikit **bandel**.

C Find out what job someone wants to do.

▲ Kalau **Imam** sudah besar, dia mau menjadi apa?

● Dia mau menjadi **pemasak**.

HATI-HATI!

Use **bukan** with **pe-nouns**, e.g. **pemalu**.
Use **tidak** with adjectives e.g. **malu**.

Dia bukan pemalu.
He's not a shy person.
Dia tidak malu.
He's not shy/embarrassed.

BERANI COBA?

Use your **Kamus** (dictionary) to find the name of your dream job. Now talk to a friend about it.

▲ Kalau kamu sudah besar, kamu mau menjadi apa?

● Saya mau menjadi…

LANGKAH 1

BAGAIMANA SIFAT ANDA?

ZODIAK

KAPRIKORNUS
Cerewet dan sopan. Kadang-kadang bandel, tetapi cerdas.

AKUARIUS
Ramah dan jujur. Sedikit lucu juga, tidak pernah sedih.

PISES
Sensitif dan pendiam. Biasanya jujur dan baik hati.

ARIES
Percaya diri dan sportif. Kadang-kadang bandel, tidak pernah sedih.

TAURUS
Ramah dan sopan. Biasanya sportif juga, tetapi sedikit cerewet.

GEMINI
Cerdas dan baik hati. Cukup percaya diri tetapi tidak sombong.

KANSER
Sensitif dan pemalu. Biasanya lucu juga.

LEO
Lucu dan ramah. Tidak begitu sabar. Rajin dan jujur.

VIRGO
Rajin dan pandai. Kadang-kadang cerewet, dan tidak begitu santai.

LIBRA
Jujur dan santai. Kadang-kadang pendiam, dan sensitif.

SKORPIO
Pemberani dan ramah. Tidak begitu sensitif.

SAGITARIUS
Percaya diri dan pemberani. Kadang-kadang sombong.

D Discuss someone's star sign.

▲ Bintang **Imam** apa?

● Bintang dia **Leo**. Bagaimana sifat **Leo**?

▲ Leo lucu, ramah dan tidak begitu sabar.

● Apakah itu cocok untuk **Imam**?

▲ Ya! Itu cocok! **Imam lucu** sekali dan **ramah**. Dia juga **tidak begitu sabar**.

BERANI COBA?

What star sign are you and your friends? Do you agree with the personality descriptions? Discuss your own star signs!
● Bintang kamu/teman kamu apa?
● Bagaimana bintang kamu/teman kamu?
● Apakah itu cocok untuk kamu? Kamu setuju dengan bintang kamu/teman kamu?

LANGKAH 1

KATA-KATA BARU

bandel	stubborn	**pemarah**	bad-tempered	**santai**	easy-going
cerdas	intelligent	**pemberani**	courageous	**sedih**	sad, feeling down
cerewet	fussy, talkative	**pendiam**	quiet	**sensitif**	sensitive
jahat	nasty, awful	**percaya diri**	self-confident	**sifat**	characteristic
jujur	honest	**rajin**	hard-working	**sombong**	arrogant, snobby
pemalas	lazy	**ramah**	friendly	**sopan**	polite
pemalu	shy	**sabar**	patient	**sportif**	sporty

COBALAH INI!

Refer to: p 5 Saying someone is suited to something

2 Apakah kamu cocok atau tidak?
Are you suitable or not?

1 Jono

pegawai bank

2 Sari

pemasak

3 Febi

pelukis

4 Aji

penyanyi

5 Oki

pelayan toko

Malioboro Mal dicari:

Penyanyi: harus pemberani dan pandai menyanyi.

Pemasak: harus sabar dan pandai memasak.

Pelukis: harus sensitif dan pandai melukis.

Pegawai bank: harus percaya diri dan pandai matematika.

Pelayan toko: harus sopan dan pandai bahasa Inggris.

Discuss the job ads and whether people are suitable.

A
▲ **Jono** mau menjadi apa?

● Dia mau menjadi **pegawai bank**.

B
▲ Harus bagaimana untuk menjadi **pegawai bank**?

● Harus **percaya diri** dan **pandai matematika**.

C
▲ Apakah **Jono** cocok untuk menjadi **pegawai bank**?

● **Tidak!** Dia **tidak** cocok.

▲ Mengapa?

● Karena dia **kurang pandai matematika**.

BERANI COBA?

Ask a friend if you are suited to a particular job.

▲ Apakah saya cocok untuk menjadi **pegawai bank**?

● Ya! Kamu cocok sekali karena kamu **pandai matematika**.

JANGAN LUPA!

kamu pandai...	you're good at...
kamu kurang pandai	you're not very good at...

LANGKAH 1

BICARA BEBAS!  PAIR ACTIVITY

Refer to: p 5 Saying someone is suited to something

1 Saya tidak setuju!
I don't agree! – pair work/group of 3

You are a film star who has just been shown a great script for the latest blockbuster multi-million dollar movie. But another actor (your partner) desperately wants to get the same part. (You can choose whatever kind of film you want.)

Argue with your partner about why you should be the star of the film. Talk them out of auditioning by pointing out all your good qualities. Really rub it in by listing their bad points!

USEFUL PHRASES

Saya lebih [adjective] daripada kamu.
 I am more [adjective] than you.

Saya tidak setuju, kamu tidak begitu [adjective]!
 I don't agree, you're not very [adjective].

Saya [adjective] dan kamu tidak.
 I am [adjective] and you aren't.

BERANI COBA?

A third person can be the producer of the new film who decides who gets the part and states why they have chosen them. Use the following statement to help you:

● Saya kira **Brad** lebih cocok untuk film ini karena…

LANGKAH 1

BICARA BEBAS! CLASS ACTIVITY

2 Selebriti yang mana?
Celebrity heads – class activity

As a class, brainstorm all the typical questions you need to use for finding out about a person – their physical characteristics, personality traits, star sign, occupation etc. Have all these questions on a whiteboard in Indonesian so everyone can see them. The questions must be answered with a yes/no response.

Using some masking tape or sticky labels, and a Texta, write the name of a well-known film star, sporting hero or musician, who is still alive, on each strip. Stick your label on a classmate's forehead, without them seeing who their celebrity is.

The person wearing the label needs to find out who their famous person is, using **Apakah...?** questions, e.g.: **Apakah saya tinggi?** (Am I tall?), **Apakah saya sudah menikah?** (Am I married?). The class answers with: **ya, tidak, bukan,** or **belum** and **sudah.**

 **Hint!** Ask your teacher for examples of questions if you get stuck!

BERANI COBA?
Have more 'celebrities' out the front of the class, or work in small groups.

JANGAN LUPA!

tidak	no (for actions and adjectives)
bukan	no (for things/people)
belum	no, not yet
sudah	yes, already
ya	yes

BACALAH INI!

Refer to: p 7 Personality traits

1 Bagaimana cewek/cowok keren?

What makes someone cool?

Read what Nurita, Yeyen, Imam, Hendri and Hadi think makes someone cool.

Yeyen

Yang paling penting, cowok harus jujur dan sensitif. Bagus juga kalau dia cerdas! **Itu baru keren!** Kalau cowok terlalu sombong saya tidak begitu suka.

Hadi

Yang penting cewek harus berani dan ramah. Kalau terlalu diam dia membosankan.

Nurita

Saya suka cowok yang ramah dan sportif, tapi dia juga harus sopan di depan keluarga saya!

Hendri

Untuk saya, cewek keren adalah cewek santai tetapi cerdas juga! Saya tidak senang kalau **pacar** saya bodoh! Kalau dia sabar, itu juga bagus karena saya suka santai!

Imam

Hmmm, saya suka cewek yang lucu, ramah dan tidak begitu cerewet. Kalau dia sabar itu lebih bagus, karena saya punya banyak teman perempuan!

Kamu setuju atau tidak? Do you agree or not? What do you think makes someone cool? What qualities do you like in your friends? Discuss the opinions above with your friends and then come up with your own personal list of qualities.

- ▲ Bagaimana cowok/cewek keren?
- ● Saya suka cewek/cowok yang [adjective].
- ● Yang penting cewek/cowok harus [adjective].
- ● Kalau terlalu [adjective] itu tidak bagus.
- ● Bagus juga kalau dia…

LANGKAH 1

BERANI COBA?

Compare your list with a friend. Defend your opinions using these expressions:

- Ya, saya setuju, cewek/cowok keren kalau…
- Saya tidak setuju! Cewek/cowok tidak keren kalau…

Cewek meaning 'girls' or 'chicks' and **cowok** meaning 'guys' or 'blokes' are very common expressions among teenage friends in Indonesia. Be careful not to use these words in other contexts – they are slang and only meant for teenagers!

HATI-HATI!

Itu baru keren! This is a great way to say 'That's cool!'

Pacar means boy/girlfriend.

BACALAH INI!

2 Zodiak anda
Your horoscope – pair work

Read your horoscope for this week, for fun. Now read your partner's horoscope.
Discuss it to see who has the best prediction!

ZODIAK ANDA!

tgl: tanggal   s/d: sampai dengan

Kaprikornus
dari tgl. 22 Desember s/d 19 Januari

Sekolah: Minggu ini cukup bagus untuk anda.
Keluarga: Jangan lupa mengucapkan terima kasih kepada orang tua kamu yang sudah membantu kamu.
Teman-teman: Pada hari Rabu ada situasi menarik yang akan membuat temanmu senang.
Cinta: Jangan bohong kepada dia! Dia pasti tahu!

mengucapkan   to say, to express
situasi   situation
bohong   to lie

Pises
dari tgl 19 Februari s/d 20 Maret

Sekolah: Anda biasanya pendiam tapi minggu ini anda merasa lebih berani.
Keluarga: Sekarang waktu yang bagus untuk memecahkan masalah yang masih ada.
Teman-teman: Ada teman yang akan membantu anda.
Cinta: Jangan malu! Anda akan sukses minggu ini.

memecahkan   to break, solve
masalah   problem
sukses   successful

Taurus
dari tgl 20 April s/d 20 Mei

Sekolah: Ada guru baru yang anda pasti suka, jangan malas!
Keluarga: Jangan lupa membersihkan kamar tidur minggu ini. Ibu anda pasti senang.
Teman-teman: Karena kepribadian anda yang ramah, banyak teman yang selalu ikut ke mana-mana.
Cinta: Hati-hati pacar anda cemburu, luangkan waktu untuk bersantai dengan dia!

kepribadian   personality
cemburu   jealous
luangkan waktu   to spend time (with someone)

Akuarius
dari tgl 20 Januari s/d 18 Februari

Sekolah: Hati-hati, anda akan mendapat kejutan minggu ini!
Keluarga: Minggu ini minggu yang baik untuk menjelaskan semua masalah dengan keluarga.
Teman-teman: Teman anda yang sensitif akan kembali.
Cinta: Anda rindu sama dia.

kejutan   surprise
menjelaskan   to explain
masalah   problem
rindu   to miss, long for

Aries
dari tgl 21 Maret s/d 19 April

Sekolah: Memang benar anda pandai dan cakap tapi jangan menjadi sombong!.
Keluarga: Harus ke rumah nenek dengan Ibu.
Teman-teman: Luangkan waktu anda bersama teman-teman, mereka pasti senang.
Cinta: Dia juga perlu perhatian.

memang   of course
cakap   good-looking, talented
luangkan waktu   to spend time (with someone)
perhatian   attention

Gemini
dari tgl 21 Mei s/d 21 Juni

Sekolah: Jangan jadi pemalas minggu ini karena banyak tugas yang harus dikerjakan.
Keluarga: Sepupu anda akan datang minggu ini.
Teman-teman: Karena minggu ini agak sibuk, anda bisa minta tolong teman baik anda. Semuanya akan menjadi mudah.
Cinta: Ada teman spesial yang ingin berkenalan dengan anda.

tugas   a task
dikerjakan   to be done
minta tolong   ask for help

Kanser

dari tgl 22 Juni s/d 22 Juli

Sekolah: Minggu ini agak pelan tapi jangan kuatir!
Keluarga: Anda dan keluarga harus beristirahat sekarang karena minggu depan anda akan sibuk.
Teman-teman: Banyak kesempatan untuk berpesta, jadi tidur saja sebanyak-banyaknya sekarang.
Cinta: Jangan lupa undang dia untuk ke pesta.

pelan slow
kuatir a worry
beristirahat to take a rest
kesempatan an opportunity
sebanyak-banyaknya as much as possible
undang to invite

Leo

dari tgl 23 Juli s/d 22 Agustus

Sekolah: Jangan terlalu sibuk minggu ini! Cobalah bersantai.
Keluarga: Awas! Anda harus bersabar. Kalau bisa sabar akan lebih baik.
Teman-teman: Anda harus simpan uang anda karena akan ada pengeluaran yang tak terduga.
Cinta: Hari Kamis adalah hari yang baik!

simpan to save
pengeluaran expenses
tak terduga not expected/unexpected

Virgo

dari tgl 23 Agustus s/d 22 September

Sekolah: Karena anda orang yang pandai, anda selalu bekerja dengan keras. Jangan lupa untuk berhenti dan hirup udara segar.
Keluarga: Anda dan keluarga juga perlu beristirahat.
Teman-teman: Kalau anda mengadakan pesta, teman-teman anda akan senang.
Cinta: Pacar anda pasti akan membantu anda dengan masalah minggu ini.

hirup udara segar *lit:* to smell the fresh air, to relax
beristirahat to take a rest
mengadakan pesta to hold a party
masalah problem

Libra

dari tgl 23 September s/d 23 Oktober

Sekolah: Hati-hati minggu ini, kalau anda malas anda tidak akan sukses!
Keluarga: Anda akan mendapat undangan penting pada hari Jumat.
Teman-teman: Teman baik anda perlu bantuan. Jadilah pendengar yang baik dan berikanlah nasihat anda.
Cinta: Jangan lupa merencanakan ulang tahun dia.

undangan invitation
bantuan help
pendengar listener
berikanlah nasihat to give them advice
merencanakan to make plans

Skorpio

dari tgl 24 Oktober s/d 21 November

Sekolah: Anda bosan, tetapi anda masih harus ke sekolah!
Keluarga: Meskipun ini minggu yang santai, jangan lupa akan pekerjaan anda.
Teman-teman: Kadang-kadang anda bisa menjadi marah kalau teman anda membosankan atau sombong. Hati-hati, ya?
Cinta: Jalan-jalan dengan pacar anda.

bosan bored
meskipun although
membosankan to be boring
pacar boy/girlfriend

Sagitarius

dari tgl 22 November s/d 21 Desember

Sekolah: Karena anda rajin, anda akan sukses.
Keluarga: Anda dan keluarga akan pergi ke luar kota minggu ini.
Teman-teman: Minggu depan akan ada pesta terbesar dan anda harus ikut!
Cinta: Nasib anda dan pacar anda tergantung pada pesta itu!

nasib fate, destiny
tergantung depends

TIDAK BEGITU SUSAH!

 Pe-nouns

As with lots of Indonesian words a *prefix* can be added to the front of a base word to change its meaning slightly.

 The **pe**-prefix usually gives us the person (or thing) who performs the action of the base word.

base word		verb		pe-noun	
nyanyi	sing	**menyanyi**	to sing	**penyanyi**	singer
masak	cook	**memasak**	to cook	**pemasak**	chef
tulis	write	**menulis**	to write	**penulis**	writer
main	play	**bermain**	to play	**pemain**	player, actor

HATI-HATI!

It sometimes helps to think that **pe = person**.

Pe-nouns generally follow the same rules as **me**-verbs do when they join a base word. Some exceptions are: **pekerja, petenis, pejalan kaki** and **pedagang,** because they don't change the first letter of their base word.

The **pe**-prefix also applies when you look at personality traits. For example:

base word		pe-noun	
berani	brave	**pemberani**	a brave person
malu	shy, embarrassed	**pemalu**	a shy person
diam	quiet	**pendiam**	a quiet person

It's important to understand the difference between an adjective like **diam** and a personality trait like **pendiam**.

> **Ibu saya diam.**
> My mother is quiet (right now) *or* Mum didn't say anything, she was just quiet.

but

> **Ibu saya pendiam.**
> My mother is a quiet person.

Because **pendiam** is a noun, it has to be negated with **bukan**.

> **Imam bukan pendiam.**
> Imam is not a quiet person.

 Occupations: When I grow up I want to be an astronaut!

To talk about what job you want to do when you are older, use:

> **Kalau saya sudah besar, saya mau menjadi…**

> **Kalau saya sudah besar, saya mau menjadi astronaut!**
> When I grow up I want to be an astronaut!

> **Kalau kamu sudah besar, kamu mau menjadi apa?**
> What do you want to be when you grow up?

> Kalau saya sudah besar, saya mau menjadi milioner!

Occupations: Tukang, juru atau ahli?

Another handy set of words to know, especially when you are talking about occupations, is:

tukang	tradesperson, skilled labourer	**tukang becak**	becak driver
juru	professional, skilled worker	**juru tulis**	writer (= **penulis**)
ahli	highly trained expert	**ahli komputer**	computer expert

 Occupations: -wan, -wati

You will notice some words in Indonesian end in **-wan** or **-wati**. This usually only applies to occupations, and tells you whether the person is male (**-wan**) or female (**-wati**). Here's an example:

peragawati	female model	**peragawan**	male model

Sometimes the ending **-wan** can be used for both males and females, just as the ending '-man' (chairman, spokesman) was used in English. The most common ones are:

olahragawan	athlete, sportsperson
pustakawan	librarian
wartawan	journalist

7 How to agree and disagree: saya (tidak) setuju!

To agree with someone, you simply use **saya setuju**. To disagree, you use **saya tidak setuju**, but don't forget to do it calmly, Indonesian-style.
> Yeyen: **Saya tidak setuju! Suara kamu jelek!**
> I don't agree! Your voice is awful!

8 Terms of address: adik-adik

Adik is a polite term of address for speaking to a younger person in an everyday situation. It comes from the family term meaning younger brother or sister. You can use **adik-adik** to speak to a group of younger people, just as the waitress does in the photo-story when she speaks to Nurita and her friends:
> **Mau minum apa, adik-adik?**
> What would you like to drink, guys?

JANGAN LUPA!

When you want to ask a question that has a yes/no answer we use **Apakah?** Think of **Apakah?** as a '?', which changes a normal statement into a question.
> **Dia pemalu.**   He is shy.
> **Apakah dia pemalu?**   Is he shy?

This is very useful for finding out lots of information about someone new, or for playing celebrity heads!

Apakah Hendri sportif?

Ya, Hendri sportif sekali!

KUIS:
Kamu mau menjadi apa?

Pair work. Quiz your partner to find out what career they are suited to. Circle the letter in the appropriate column. At the end of the quiz, count up to see which letter (**o, k, a, s**) occurs most frequently. This will show you which box you should read.

Pertanyaan	selalu	biasanya	kadang-kadang	jarang
1 Kamu suka bercakap-cakap.	o	k	a	s
2 Kamu suka bermain dengan binatang.	k	o	s	a
3 Kamu suka berjalan kaki.	k	o	a	s
4 Kamu suka berolahraga.	k	s	o	a
5 Kamu suka menonton film.	s	o	a	k
6 Kamu suka menulis setiap hari.	a	o	k	s
7 Kamu membaca surat kabar setiap hari.	s	a	o	k
8 Kamu pandai matematika.	a	k	o	s
9 Kamu pandai ilmu kesenian.	s	a	o	k
10 Kamu pemalu.	a	s	k	o
11 Kamu percaya diri.	k	o	a	s
12 Kamu lucu.	o	s	k	a
13 Kamu suka pergi ke museum.	a	o	s	k
14 Kamu suka menyanyi.	k	o	s	a
15 Kamu suka memasak.	s	o	k	a

Bagaimana sifat kamu?

Kebanyakan 'o' (orang)
Pekerjaan yang paling cocok untuk kamu adalah pekerjaan yang umum. Sifat kamu cukup berani dan senang untuk bercakap-cakap dengan siapa saja.

Kamu bisa menjadi: pelayan toko, pegawai, wartawan, pemandu wisata, bintang film

Kebanyakan 'k' (aktif)
Pekerjaan yang paling cocok untuk kamu adalah pekerjaan aktif dan mungkin di luar kantor. Kamu tidak suka sesuatu yang pelan atau membosankan.

Kamu bisa menjadi: guru olahraga, dokter hewan, penjaga kebun binatang, pemain tenis.

Kebanyakan 's' (santai)
Pekerjaan yang paling cocok untuk kamu adalah pekerjaan keren dan tidak begitu susah. Kamu suka kehidupan santai dan tidak terlalu biasa.

Kamu bisa menjadi: pembaca acara TV, peragawan/peragawati, pelukis, pemasak

Kebanyakan 'a' (ahli)
Pekerjaan yang paling cocok untuk kamu adalah pekerjaan akademik. Kamu selalu memikirkan tentang apa saja.

Kamu bisa menjadi: dokter, dosen, ahli sejarah, pustakawan, sarjana, penulis

LANGKAH 1

KATA-KATA BARU

OCCUPATIONS

astronaut	astronaut
ahli sejarah	historian
aktor	actor
bintang film	film star
dokter hewan	vet
dosen	lecturer
guru	teacher
guru olahraga	sports teacher
olahragawan	athlete, sportsperson
pustakawan	librarian
sarjana	academic, scholar
wartawan	journalist

PE-NOUNS: OCCUPATIONS

pegawai	employee
pegawai bank	bank worker
pelayan toko	shop assistant
pelukis	painter
pemandu wisata	tour guide
pemasak	chef
pembaca acara TV	television presenter
penulis	writer
penjaga kebun binatang	zoo-keeper
penyanyi	singer
peragawan	male model
peragawati	female model
perawat	nurse (*male/female*)

PERSONALITY TRAITS

bandel	disobedient, stubborn
berani	brave
cemburu	jealous
cerdas	intelligent
cerewet	fussy
jahat	nasty, awful
jujur	honest
kepribadian	personality
pe-de	self-confident (short for **percaya diri**)
pemalas	lazy (person)
pemalu	shy (person)
pemarah	bad-tempered (person)
pemberani	brave (person)
pendiam	quiet (person)
percaya diri	self-confident
rajin	diligent, hard-working
sabar	patient
santai	easy-going
sedih	sad, feeling down
sensitif	sensitive
sombong	arrogant, snobby
sopan	polite
sportif	sporty

JANGAN LUPA!

baik hati	kind
lucu	funny, cute
pandai	clever, smart
bodoh	stupid, silly
ramah	friendly

OTHER WORDS

bintang	star, horoscope
cewek	girl, chick (*slang*)
cocok	suitable, suited
cowok	guy, bloke (*slang*)
memikirkan (pikir) (tentang)	to think (about)
menikah	to be married
pikir	to think
sesuatu	a thing
setuju	to agree
terkenal	famous
tiba-tiba	suddenly
tidak setuju	don't agree
tidak cocok	not suitable
umum	public
luangkan waktu	to spend time

LANGKAH 1

LANGKAH 2

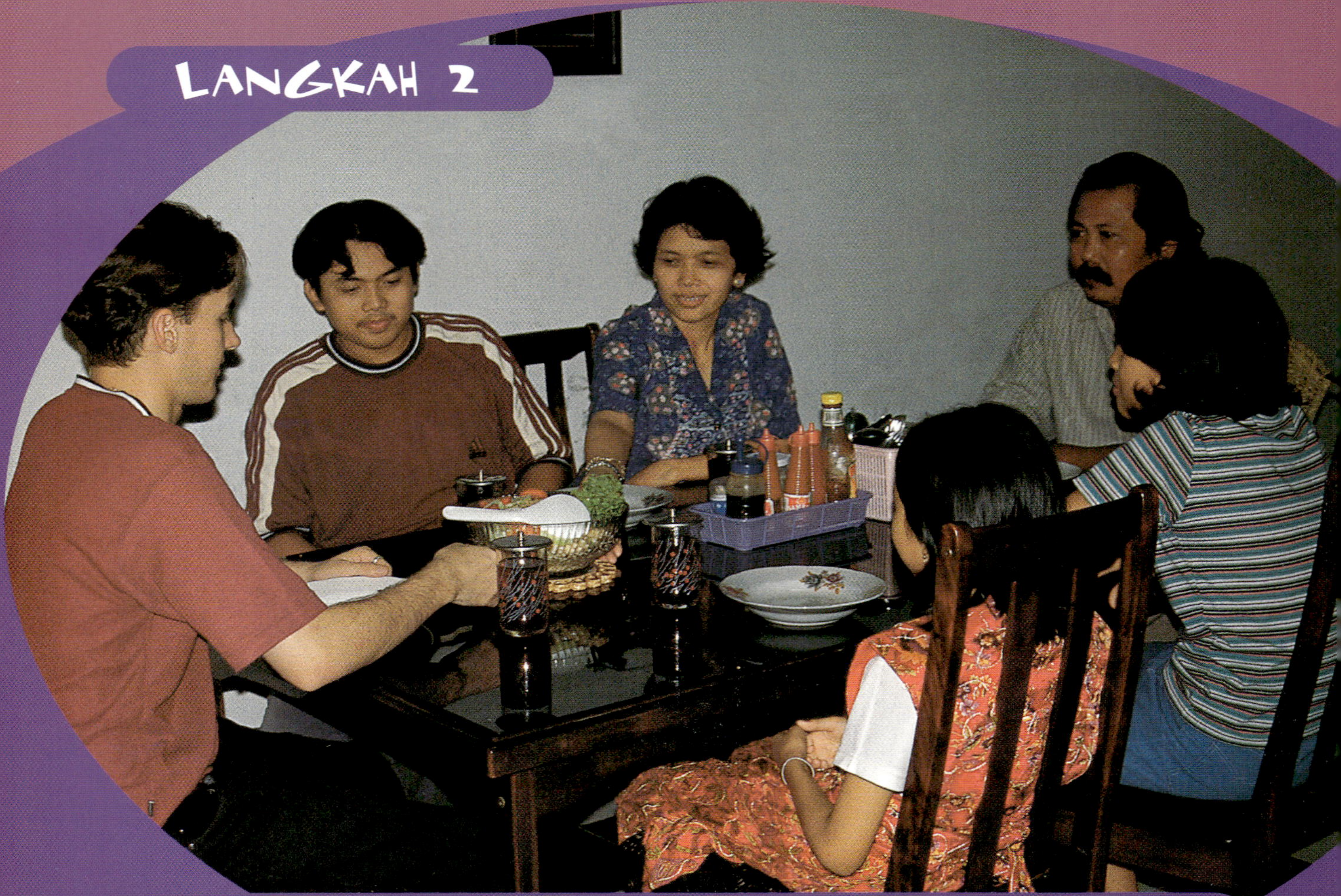

SILAKAN MASUK DAN SELAMAT MAKAN!

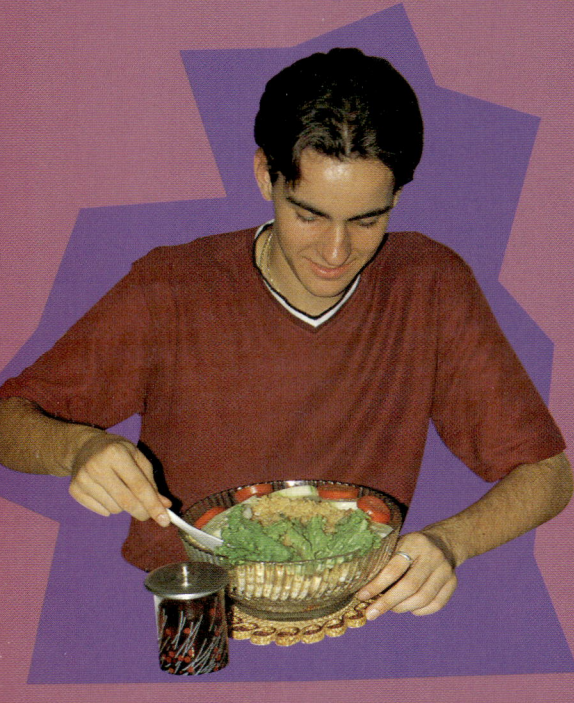

YOU'LL LEARN HOW TO:

- be a good host/guest
- take part in a meal at someone's house
- ask for something politely
- accept or refuse an offer/invitation politely
- leave a gathering politely
- recognise an instruction not to do something
- find out where someone comes from
- explain where you come from
- find out about a traditional wedding ceremony from West Java

AYO! MAIN KE RUMAH SAYA, MICK!

1 Minggu siang. Mick dari Australia bertamu ke rumah keluarga Hadi.

Permisi!

Hai, Mick! Apa kabar?

He! Baik-baik saja!

Silakan masuk.

Trims.

2 Mick tidak tahu kalau dia harus membuka sepatunya.

Maaf – sepatunya harus dibuka, ya!

Oh! Maaf, ya!

Tidak apa apa.

3

Kenalkan, ini ibu saya.

Selamat siang, Bu. Nama saya Mick.

4

Maaf, Mick, Bapak sedang tidur siang. Ini adik Hadi.

Selamat siang, Mick. Nama saya Bu Lelly.

5

Aduh! Saya bingung…yang mana Hani, yang mana Hana?

Anu…berapa umurmu?

Kenalkan, nama saya Hani.

Nama saya Hana.

Sepuluh tahun.

6 Bu Lelly dan Mick bercakap-cakap di ruang tamu.

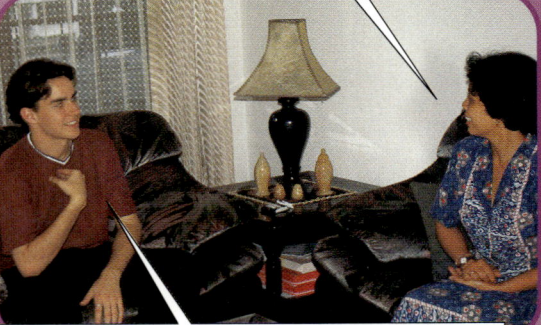

Mick berasal dari mana?

Saya berasal dari Australia, Bu. Dari kota Perth.

Sudah berapa lama di Indonesia?

Sudah dua minggu, Bu.

7 Kamu punya adik atau kakak, Mick?

Ya, saya punya adik perempuan, namanya Susie. Umurnya tiga belas tahun.

8

Mau makan, Mick?

Tidak, Bu. Terima kasih! Saya tidak lapar.

9

Aduh!

10

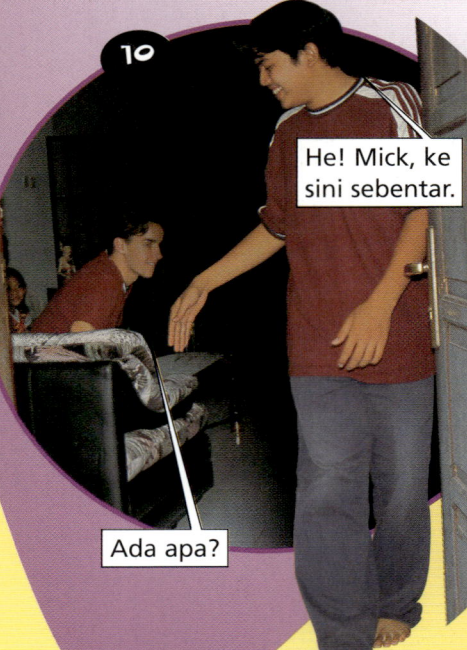

He! Mick, ke sini sebentar.

Ada apa?

11 Tapi saya tidak lapar!

Sebenarnya, kamu harus menerima makanan dan minuman.

Ya, benar, tapi di Indonesia lebih sopan kalau bertamu menerima makanan dan minuman yang ditawarkan.

Oh, begitu, ya? Terima kasih atas nasihat kamu.

LANGKAH 2

12

Mari makan, ya, Mick?

Terima kasih, Bu – tiba-tiba saya lapar sekali!

13

Mick suka nasi goreng?

Suka sekali, Bu!

Waduh! Saya sudah makan dua piring gado-gado hari ini! Sudah kenyang!

Aduh! Banyak sekali! Tapi saya harus sopan. Baiklah, saya harus coba. Ayo, Mick!

14

Selamat siang, terima kasih, Pak.

Selamat siang, Mick! Selamat makan!

Kapan pulang ke Australia, Mick?

Minggu depan, Bu.

15

Ah, nasi goreng ini kelihatannya enak, Bu.

16

Aduh! Mick tidak tahu nasi goreng ini untuk kita semua!

Wah, dia lapar sekali!

Aduh, saya lapar sekali!

Mengapa mereka melihat saya saja?

Orang Australia aneh, ya? Dia menggunakan tangan kirinya.

Semua nasi goreng itu dihabiskan dia. Dia tidak sisakan nasi goreng sedikitpun!

LANGKAH 2

17 Mick hampir menghabiskan semua nasi goreng itu.

Tinggal dua sendok lagi!...harus terus sampai habis...

18 Mmm, enak sekali, Bu! Pasti Ibu pemasak yang terbaik! Terima kasih untuk nasi gorengnya, Bu!

Wah! Perut saya akan meletus!

19 Sudah kenyang? Tambah lagi, Mick?

Anu...

Apakah saya kurang sopan kalau bilang 'Tidak, terima kasih' sekarang?

Aduh! Bagaimana ini? Dia tidak mengerti! Saya tidak cocok untuk menjadi guru!!

KATA-KATA BARU

aneh	strange, weird
berasal dari	to come from (originally)
dibuka (buka)	taken off, opened
ditawarkan (tawar)	which is offered
dihabiskan (habis)	it was all finished
ke sini sebentar	come here a minute
kelihatannya (lihat)	it looks, its appearance is
kenyang	to be satisfied (full)
meletus (letus)	to explode, to burst

menerima (terima)	to accept, to receive
menggunakan	to use
nasihat	advice
sebenarnya (benar)	actually
sedikitpun! (sedikit)	even a little bit!
sisakan	to leave a bit
tiba-tiba saja	all of a sudden
tinggal	to be left, to remain
tinggal dua sendok lagi!	only two spoonfuls left!

COBALAH INI!

Refer to: p 31 Where do you come from?
p 34 Countries and nationality

1 Kamu berasal dari mana?
Where are you from?

 Birgit, Berlin, Jerman (2 tahun di Indonesia)

 Leonardo, Perugia, Italia (4 bulan di Indonesia)

 Yuki, Tokyo, Jepang (6 tahun di Indonesia)

 Alex, Seattle, Amerika (2 bulan di Indonesia)

 Kia, Nairobi, Kenya (3 hari di Indonesia)

 Emma, Sydney, Australia (5 minggu di Indonesia)

A Ask someone where they come from.

▲ **Alex**, berasal dari mana?

● Saya berasal dari **Amerika**, dari kota **Seattle**.

B Find out how long they have been in Indonesia.

▲ Sudah berapa lama di Indonesia, **Alex**?

● Sudah **2 bulan**.
atau
● Saya sudah **2 bulan** di Indonesia.

C Ask someone's nationality.

▲ Kamu orang apa, **Alex**?

● Saya orang **Amerika**.

BERANI COBA?

Try these questions again with your friends, but also asking about what state they come from. You can pick anywhere in Australia to practise with!

▲ Kamu berasal dari negara bagian mana?

● Saya berasal dari negara bagian **Tasmania**.

KATA-KATA BARU

kota	city
negara	country
negara bagian	state
orang + country	nationality

LANGKAH 2

COBALAH INI!

Refer to: p 31 Please, please or please??

2 Silakan makan di rumah saya!
Please come to dinner at my house!

Mick dan Bu Lelly

Nasi goreng

Yeyen dan Muhamad

Gado-gado

Hendri dan Imam

Mie goreng

LANGKAH 2

Nurita dan Bu Sulastri

Sate ayam

A
- ● Permisi!
- ▲ Silakan masuk. Silakan duduk.
- ● Terima kasih, **Bu**.

B
- ▲ Lapar, ya, **Mick**? Silakan makan.
- ● Terima kasih, **Bu**.

C
- ▲ Selamat makan, **Mick**.
- ● Selamat makan, **Bu**.

D
- ▲ Bagaimana **nasi gorengnya**, **Mick**?
- ● Wah, rasanya **enak sekali**, **Bu**!

E
- ▲ Cukup pedas?
- ● Oh, ya, terima kasih.
  atau
- ● Boleh minta sambal, ya?

F
- ▲ Sudah kenyang? Tambah lagi?
- ● Ya, sedikit saja, **Bu**.
  atau
- ● Tidak, terima kasih. Sudah kenyang, **Bu**.

G
- ▲ Mau minum **kopi**?
- ● Ya, terima kasih, **Bu**.
  atau
- ● Permisi, **Bu**, saya harus pulang dulu.

H
- ▲ Sampai jumpa, salam kepada ibu dan bapakmu.
- ● Sampai jumpa, **Bu**. Terima kasih banyak atas kebaikan **Ibu**.
  atau
- ● Sampai jumpa, **Bu**. Terima kasih banyak untuk **nasi gorengnya**.

Jayne dan Pak Agus

Kari ayam

Salam kepada… is a polite way to say 'please give my regards to'.

HATI-HATI!

LANGKAH 2

COBALAH INI!

Refer to: p 30 Thanks for that!
p 33 Show some respect and
Visiting others at home

3 Oh maaf, ya!
Oh, sorry!

Here are some good rules to remember when you are visiting a friend in Indonesia.

Kalau kamu bertamu ke rumah teman, kamu harus…

1 …berkata 'permisi' sebelum masuk.

2 …membuka sepatu.

3 …menerima makanan dan minuman yang ditawarkan.

4 …berbicara dengan sopan.

5 …menggunakan tangan kananmu.

A Ask a friend what you should remember when visiting an Indonesian family.

▲ Kalau saya bertamu ke rumah teman, saya harus apa?

● **Berbicara dengan sopan.**

▲ Oh, begitu!

B Now correct a friend's mistakes when they do something wrong!

▲ Ke sini sebentar. Jangan lupa **menggunakan tangan kananmu.**

● Oh, maaf, ya. Terima kasih atas nasihat kamu!
atau
● Oh, begitu, ya! Terima kasih atas nasihat kamu!

KATA-KATA BARU

berbicara	to speak
berkata	to say
membuka	to take off/open
menggunakan	to use
menerima	to receive

LANGKAH 2

BICARA BEBAS!

GROUP ACTIVITY

Refer to: p 31 Show some respect! and Visiting others at home pp 19–20 Photo-story

1 Silakan masuk!
Please come in! – small group activity

In small groups, role-play the photo-story from this chapter. This time, the visitor from overseas should do and say all the right things! Perform it for the class when everyone is ready. Of course you can add in your own names if you want to!

For example, instead of this:

Mau makan, Mick?

Tidak, Bu. Terima kasih! Saya tidak lapar.

You would now say:

Mau makan, Mick?

Ya, terima kasih, Bu.

BERANI COBA?

Using the photo-story as well as **Cobalah ini! 1, 2** and **3** in this chapter, write and perform your own role-play about visiting a friend's house in Indonesia.

Remember to include all the do's and don'ts, as well as small talk and compliments. Don't forget to correct any mistakes the characters make! Be as creative as you like. Use your real names or make up new characters.

LANGKAH 2

BiCARA BeBAs!

Refer to: p 30 What's up?
p 31 Please, please, please or please?
p 32 Leaving politely

2 Siapa kamu?

Who are you? Mini role-plays – small groups (up to 6 people)

Roll a dice (or think of a number between 1 and 6) to find out which **character** you are.

Characters

	Nama	Umur	Sifat
1	Bu Sulis	32 tahun	Sabar & cerdas
2	Pak Tono	41 tahun	Lucu & ramah
3	Nenek Siti	60 tahun	Trendi & sombong
4	Kakek Ali	63 tahun	Baik hati & pemalu
5	Ani	17 tahun	Pe-de & cerewet
6	Mark (dari Australia)	15 tahun	Santai & ramah

Now someone from your group should roll a dice to choose a **place** (where your role-play will be set), and a **challenge** to try to include in the role-play.

Places

1 Di rumah makan

2 Di rumah keluarga

3 Di pasar

4 Di rumah teman

5 Di jalan saja

6 Di taman

Challenges

1 Hari ulang tahun

2 Mau makan malam

3 Mau bercakap-cakap

4 Mau membaca majalah

5 Mau makan mangga

6 Mau ke bioskop

For example:

Characters:	Nenek Siti, Ani, Bapak (Pak Tono)
Place:	Di rumah keluarga
Challenge:	Mau makan mangga

Bapak:	Selamat sore, Ani.
Ani:	Selamat sore, Pak. Boleh minta mangganya, Pak?
Bapak:	Silakan.
Ani:	Pak! Ini *bukan* mangga, ini pisang! Bapak lucu!
Bapak:	Oh, maaf, ya!
Ani:	Selamat sore, Nenek.
Nenek:	He!! Selamat sore, Ani. Mau ikut bersilancar dengan saya?
Ani:	Oh, maaf – saya mau makan di rumah saja!
Nenek:	Wah, kamu tidak begitu keren! Mau ikut makan di McDonald's?
Ani:	Tidak, Nenek, saya mau makan mangga saja.
Nenek:	Silakan! Ini. Selamat makan!
Ani:	Nenek, ini es krim mangga, ini bukan mangga! Waduh!

Make up a small role-play using the information you have. Remember to pay attention to the polite way of doing things and using the words **silakan, selamat, tolong, boleh minta, sayang, boleh** as much as you can.

Perform the role-play for the class, or video-tape it!

MARI BERMAIN!

Refer to: p 31 Don't do it!

Dilarang!

You can't do that! – whole class activity

The class is divided into equal teams. Each team takes it in turns to mime a 'forbidden' activity. The other teams compete to tell the mime artist that what he or she is doing is **dilarang**. The information must be relayed in a full Indonesian sentence. Only one person from each team may try to answer – but the team members can ask each other for help!

Teams score one point for each correct answer. The first team to score 5 points wins.

For variation you can use **tidak boleh** or **jangan** which make the instruction a little more polite!

BERANI COBA?

Schools are full of rules! Think of all the things that are **dilarang** in your classroom and make signs and posters in Indonesian showing them.

Your teacher has more examples in the *Teacher's Electronic Resource* if you run out of ideas.

JANGAN LUPA!

berbicara kasar	to swear
berbicara dengan keras	to talk loudly
berlari	to run
berteriak	to shout
di halaman sekolah	on the school grounds
jendela	window
menaruh	to put
merokok	to smoke
perpustakaan	the library
pintu	door
ruang kelas	the classroom
tertawa	to laugh

LANGKAH 2

TIDAK BEGITU SUSAH!

1 What's up? Ada apa?

The phrase **ada apa?** is often used in casual conversations and on the telephone. It means 'what's up?' or 'what's going on?'. **Ada apa?** can be used in either positive or negative situations, when the person asking needs a bit more information.

2 Thanks for that! Terima kasih atas…!/Terima kasih untuk…!

When you want to thank someone for something formally you'll need to use either **terima kasih untuk…** or **terima kasih atas…**

terima kasih untuk… This is used to thank someone for an object such as a gift or food.

Terima kasih untuk nasi gorengnya, Bu.	Thanks for the nasi goreng, Bu.
Terima kasih untuk hadiah ini!	Thanks for the present.

terima kasih atas… This is used to thank someone for something abstract, such as their kindness, help, advice, friendship or an invitation to do something.

Terima kasih atas nasihat anda.	Thank you for your good advice.
Terima kasih atas kebaikan anda.	Thank you for your kindness.
Terima kasih atas bantuan anda.	Thank you for your help.

Jangan lupa! You'll need to use **anda** in formal situations, **kamu** with your friends.

3 Well…you see…it's like this! Begini, begitu

Begini and **begitu** are used frequently in Indonesian and are two handy words to be aware of. They may start or end a sentence to emphasise the point and say 'it's like this/that'. It's no accident that the words **ini** (this) and **itu** (that) are part of these words.

begini	like this
begitu	like that

Here are some examples of how **begini** and **begitu** are used:

Mick: **Oh, begitu, ya! Terima kasih atas nasihat kamu!**
Oh, really! Thanks for your advice!

Begini, saya ke rumah teman, lalu…
It was like this, I went to my friend's house, then…

You have also seen **begitu** used before an adjective, which emphasises the adjective.

Tidak begitu cocok.	It's not that suitable.
Tidak begitu susah!	It's not that difficult!
Mengapa dia begitu nakal?	Why was he so naughty?

4 Please, please, please or please??? Boleh, boleh minta, tolong atau silakan

There isn't just one word for 'please' in Indonesian, so you have to think about what situation you're using it in. These words all mean 'please', and are used when you want to be very polite.

boleh	Am I *allowed* to, please?
boleh minta	Could I *have* that, please?
tolong	Will you *help* me, please? (by doing something for me)
silakan	Would you *like* to do this, please? or Please, *be my guest.*

There are even a few more words for 'please', but these should cover most situations for you! Here are some examples of how they are used:

Boleh saya ke bioskop, Bu?	Am I allowed to go to the cinema, Mum?
Boleh minta air?	Could I please have some water?
Tolong, bukakan pintu.	Could you please open the door.
Silakan duduk.	Please have a seat.

5 Don't do it! Dilarang!

As with a lot of public places in Australia, Indonesia also has signs telling you if you are not allowed to do something. It is therefore important that you know the word **dilarang** so you don't do the wrong thing!

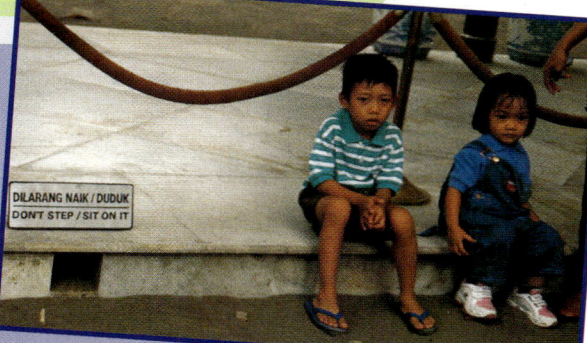

Here are some examples of **dilarang** signs:

Dilarang masuk!	No entry!
Dilarang menyeberang jalan di sini!	Don't cross the road here!

Dilarang duduk di sini!

6 Where do you come from? Kamu berasal dari mana?

It is very typical in Indonesia to ask lots of questions of a person when you are getting to know them – it isn't considered an invasion of privacy. Questions like **Berapa umurmu?** or **Berapa orang di keluargamu?** usually follow **Siapa namamu?** You will then probably hear **Kamu berasal dari mana?** to ask where you come from. To answer, here's some variations:

Kamu berasal dari negara mana?	What country are you from?
Saya berasal dari negara Australia.	I'm from Australia.
Kamu berasal dari negara bagian mana?	What state are you from?
Saya berasal dari negara bagian NSW.	I'm from NSW.
Kamu berasal dari kota mana?	What city are you from?
Saya berasal dari kota Sydney.	I'm from Sydney.
Kamu orang apa?	What nationality are you?
Saya orang Australia.	I'm Australian.

LANGKAH 2

7 Use of -pun! Sedikitpun!

There are many uses of the particle **-pun** in Indonesian. Sometimes it is used like **juga** to mean 'also', sometimes it is used to link two sentences together, or sometimes it is used to give emphasis to a word or phrase.

In this chapter we are using **-pun** for *emphasis*. Look at this example from the photo-story when Hadi's sister complains:

> **Dia tidak sisakan nasi goreng sedikitpun!**
> He didn't **even** leave a little bit of nasi goreng!

You'll notice that **-pun** is attached to the base word **sedikit** to form **sedikitpun** meaning 'even a little bit'. It emphasises the **nasi goreng** in this sentence by immediately following it.

8 Back-to-front sentences: Passive sentences

In the photo-story of this chapter you might have noticed strange things happening to some of the sentences. Did you think that some of them seemed a bit back-to-front?

Have a look at these ones:

> **Sepatunya harus dibuka!**
> (The) shoes must be taken off.
> **Semua nasi goreng itu dihabiskan dia.**
> All that nasi goreng was finished off by him.

You'll notice that in each sentence the object ('shoes' or 'nasi goreng') comes at the beginning of the sentence.

These are called **object-focused** sentences – or **passive** sentences. This is because the thing or object is the focus and comes first in the sentence, while the person acting in the sentence comes later (or is even left out completely).

Passive sentences are often used in Indonesian, especially when you are trying to be polite. They take the focus away from the person. In the sentence **Sepatunya harus dibuka** the person isn't even mentioned. When Hadi is telling Mick to take his shoes off he avoids making Mick feel uncomfortable by using a passive sentence to focus on the shoes!

You will learn special rules about writing these sentences in **Langkah 3, 4,** and **8,** but for now just look out for sentences that seem a bit backwards!

9 Leaving politely: Permisi dulu

When you want to leave a social gathering in Indonesia, you should always excuse yourself politely. You should use expressions like these:

> **Permisi dulu, ya?**
> Excuse me/Sorry, I've got to go now.
> **Permisi, saya harus pulang dulu.**
> Excuse me/Sorry, I've got to go home now.

INDONESIA ASYIK!

1 Show some respect!

In Indonesian it is often important to soften what you are saying so that it doesn't come out sounding abrupt or rude, particularly when you are speaking to people older than yourself, or to authority figures like police officers, customs officials, bank managers etc.

Think about how you respond to other people in your school. Have you noticed that when you speak politely to people that they respond better? It's the same in Indonesian.

To make sure you don't offend anyone in Indonesia, here are some hints:
- Make sure your tone of voice is calm and soft. Don't use demands or aggression, even when things aren't working out.
- Try to use some passive sentences so you don't sound too bossy or self-centred by starting all your sentences with **Saya**…
- Smile, and remember to use the 'please' words!
- If things really go wrong just say **Minta maaf** as politely as possible and hope you'll be forgiven!!

Oh! Maaf, ya!

2 Visiting others at home

A good time to visit Indonesian families is around dusk between 4 and 6 pm – the **sore** part of the day. Avoiding the **tidur siang** (afternoon nap) time between 2 and 4 pm is usually wise. Calling out **Permisi** as you approach rather than just knocking is more common. It lets the host know you are coming and you will probably hear the response **Silakan masuk** before you get to the door.

Kue-kue Indonesia

Ruang tamu

Most houses have a **ruang tamu**, or guest room, at the front of the house, specifically for entertaining. It is quite usual to remove your shoes at the door before entering, helping keep the house free from dirt and mud from the streets. In less formal situations, especially with teenagers, it is often common to sit on the verandah when friends drop around!

Makanan kecil

Whenever you visit a friend at home in Indonesia, you will almost always be offered a snack and a drink. Things like hot, sweet tea – served in a glass with a silver lid, and little cakes – sometimes with unusual combinations of toppings like grated cheese on chocolate icing – are quite common!

It is considered polite to accept an invitation to eat if your host insists on bringing out snacks and a drink when visiting, as a refusal will usually offend.

That would be almost like saying the food or drinks aren't good enough!

It is important to remember that even if you are not hungry or thirsty you should still show your host you are grateful by having a sip of the drink and a nibble of the snack. It is OK not to finish it all, in fact if you do your host will try to offer more as a polite gesture to make sure you are satisfied. But it's not OK to simply refuse food or drink that is put in front of you. Sometimes it's OK to refuse the first offer of food, if you are merely passing by, or have called in unexpectedly and it seems like a bad time, in which case your host is being polite but probably hopes you don't stay for tea and won't keep insisting!

It would be impolite to bring your own snacks to eat when visiting, although bringing small regional specialities or treats as presents is fine.

LANGKAH 2

KATA-KATA BARU

COUNTRIES

Afrika	Africa
Amerika	America
Australia	Australia
Cina	China
Indonesia	Indonesia
Inggris	England
Italia	Italy
Jepang	Japan
Jerman	Germany
Perancis	France
berasal dari…	to come from
negara	country
negara bagian	state
orang + country	nationality

NATIONALITY

orang Afrika	African
orang Amerika	American
orang Australia	Australian
orang Cina	Chinese
orang Indonesia	Indonesian
orang Inggris	English
orang Italia	Italian
orang Jepang	Japanese
orang Jerman	German
orang Perancis	French

HATI-HATI!

Kebangsaan is another word for nationality, and you will see it on official documents like passports, customs declarations and ID cards.

BEING POLITE

boleh	may
boleh minta	may (I) have?
dilarang	forbidden
minta	to request something
minta maaf	oh, I'm sorry, please forgive me
permisi	excuse me, please
silakan…	please, if you would like to…
tidak apa-apa	it doesn't matter
tolong	help

DILARANG ACTIONS

berbicara kasar	to swear
berbicara dengan keras	to talk loudly
berlari	to run
berteriak	to shout
menaruh	to put
merokok	to smoke
tertawa	to laugh

JANGAN LUPA!

halaman	playground, yard
jendela	window
kursi	chair
meja	table
perpustakaan	library
pintu	door
ruang kelas	classroom

OTHER WORDS

aneh	strange, weird
bicara	to speak
bilang	to say
dibuka	to be taken off/opened
menggunakan	to use
menerima	to receive
membuka	to take off/open
sepatu	shoes
yang ditawarkan	which is offered

LANGKAH 2

LANGKAH 2 CULTURAL ENRICHMENT

Upacara pernikahan (Sunda)
A Sundanese wedding ceremony

Undangan
Sabtu, 9 Oktober 1999

Hotmail Compose

Back Forward Stop Refresh Home Favorites History Search AutoFill Larger Smaller Print Mail Preferences

Address: http://lw7fd.law7.hotmail.msn.com/cgi-bin/compose?disk=216.33.236.74_d1490&login=   Go

Live Home Page | Apple Computer | Apple Support | Apple Store | Microsoft MacTopia | Office for Macintosh

msn Hotmail   Passport sign out

| Inbox | Compose | Addresses | Folders | Options | Help |

Compose [Directories | Egreetings™]

[**Insert Address**] [**Attachments**] [**Add Stationery**]

Kepada: mick99@hotmail.com
Subyek: wedding info 4u!
Dari: batikboy@hotmail.com

☐ **Save Outgoing Message**

[**Check Spelling**] [**Dictionary**] [**Thesaurus**] [**Send**] [**Save Draft**] [**Cancel**]

Hai, Mick,

Terima kasih untuk e-mail kamu! It's great to hear from you. How was your trip home? Do you miss Indonesia yet?

I know what you mean about school and all the homework! Things here are still pretty much the same. Everyone says **Hai.**

About your assignment for Indonesian: I found the pictures of my cousin Ririen's wedding in Bandung and got them scanned in for you. I hope all the pictures come through all right with the email and they help with your Indo assignment!

Let me know if you need **foto lagi.**

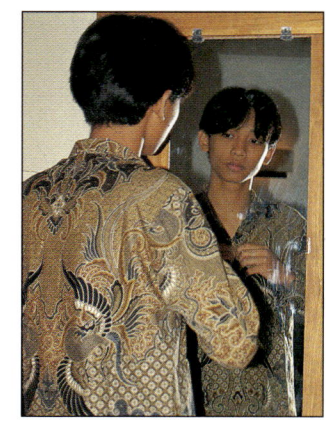

I'll explain the ceremony as I go along. It was a traditional Sundanese (West Javanese) wedding ceremony, because Ririen was born in West Java and was marrying a Sundanese guy. (If I went to a Javanese wedding here in Yogya, it'd be similar but the couple would be wearing different clothes and have different music and so on.)

Because we had to go to Bandung, where my cousins and aunty and uncle live, for the wedding, I had to take a few days off school! **Sayang!**

Before I went I had to buy a new batik shirt to wear – weddings are so formal here! But hey, at least we don't have to wear ties and jackets!

LANGKAH 2

I went around to my aunty's place a bit early to see if they needed a hand setting up, but they had nearly finished getting the food ready. I would have helped but I had to take some photos instead! Everything else was ready – they'd been preparing for days.

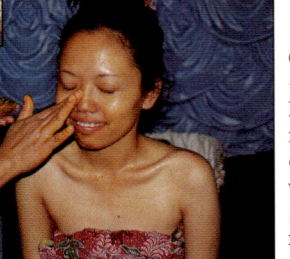

Check out my cousin Ririen – she got right into the beauty preparations. I'm not sure what Enu, her **calon suami** (fiancé), would have said if he had seen her with that face mask on! He might have changed his mind!

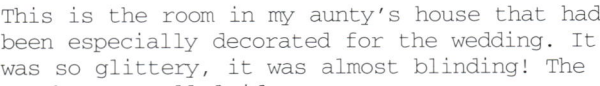

This is the room in my aunty's house that had been especially decorated for the wedding. It was so glittery, it was almost blinding! The snacks were all laid out. **Kelihatannya enak**, but for once I held back...

These are my other cousins – they were Ririen's bridesmaids. I hadn't seen them in ages and they looked so different. I couldn't believe they were the same girls I used to chase through the rice paddies when we were little!

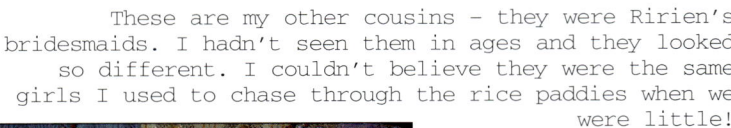

The official part of the wedding is known as **akad nikah**. Ririen and Enu had to say their vows in front of his parents and my aunty and uncle, their grandparents and the celebrant. Then they all gave Enu and Ririen their blessings. This part took ages! After this though, they were legally married, but there was still heaps of the ceremony to go. **Aduh**!

Then Enu gave Ririen **banyak hadiah**. This is called **maskawin.** The husband usually has to include the wedding ring, some money, a copy of the **Koran**, some prayer clothes and a prayer mat. It must have cost Enu a fortune!

This was a really serious part of the ceremony – Ririen and Enu had to ask each set of parents and grandparents for their permission and blessing to get married. It's called **sungkeman** and everyone was so quiet you could have heard a **tikus** squeak.

Here's Ririen and Enu in costume No. 2 – they had to get changed 3 times that day. It was 35 degrees! Can you believe they had to wear such heavy clothing in the heat? **Waduh! Panas sekali**!

Now check out this bit of the ceremony: Ririen put an egg under Enu's bare foot and then he squashed it. She then washed his foot so it was clean again. This is called **injak telur** and **cuci kaki**, and it symbolises the bride and groom's mutual respect and trust.

This was another 'romantic moment' where the bride and groom fed each other satay. It was to show that they'll look after and care for one another. This has a Sundanese name, **huap-lingkung**.

Next Ririen and Enu had to sit in the bridal chairs and wait for every guest to come up and say congratulations. Ririen said her cheeks were sore for days just from all the smiling! To wish someone happiness in these sort of situation we say **Selamat berbahagia!** When I went up though, I told Ririen a joke to try and make her laugh!

When all the official congratulations were over, we could finally eat. **Saya lapar sekali!** We'd been at the wedding for hours.

Makanannya enak sekali – I had been hanging out for some of my aunty's famous **kari** for ages! There was everything you could dream of: **nasi goreng, mie goreng, sate, krupuk, kari, rendang, soto**...Mmm...I was definitely **kenyang** after that!

I checked out all the wedding presents Ririen and Enu got. Maybe getting married isn't so bad after all!!

At the end of the wedding, Ririen and Enu sat outside under an umbrella so that the older relatives could throw rice, lollies and coins over them to bring them good luck. This is called **sawer**. The guests are allowed to catch them – I didn't do too badly!

The very last stage was one more costume change (costume no. 3!) for Ririen and Enu to show they were now a new couple. They had to sit on display again for another hour or two while everyone gradually left. I think they were just about ready to fall over from exhaustion by this stage – I know I was!

So there it is! It was pretty good fun really. I hope that helps you with your assignment! At least your teacher should like your research!

Jangan lupa...nyantai aja dong! Sekian dulu, ya?

Temanmu,

Hendri.

P.S. What do you think of my **bahasa Inggris**?...I didn't even get any help! (Well, maybe a bit!)

| Send | Save Draft | Cancel |

| Inbox | Compose | Addresses | Folders | Options | Help |

LANGKAH 2

MARI MEMASAK!

YOU'LL LEARN HOW TO:

- identify typical Indonesian ingredients and dishes
- cook nasi goreng
- give step-by-step instructions
- write and follow a recipe
- ask for things at the market
- express likes and preferences
- be familiar with Indonesian packaging and advertising of food
- find your way around an Indonesian kitchen
- praise the dishes you are eating
- describe what might make a dish taste better

WADUH! DAPUR KOTOR LAGI!

Pada akhir minggu. Hendri dan temannya bercakap-cakap di rumah Hendri.

Anu, teman-teman, orangtua saya tidak ada di rumah nanti malam. Ayo kita memasak untuk makan malam!

Mmm – ide bagus!

1

He, Yeyen – kamu ingat waktu Imam memasak dulu?

Ya, waktu itu lucu sekali!

Kalau Imam memasak, selalu ada yang pecah!

Itu tidak benar!

2

Yeyen dan Hendri pergi ke pasar, untuk membeli bahan-bahan.

4

Waduh! Kalau Imam memasak selalu berantakan sehingga dapur harus dibersihkan dengan keras!

3

Baiklah, untuk memasak nasi goreng kita perlu cabe, beras…

Ya, jangan lupa kita harus membelikan Imam telur supaya dia bisa membuat kue!

5

Ini uangnya, Bu.

Yeyen membeli tiga buah tomat dan dua buah wortel dari penjual.

Terima kasih, Nak.

LANGKAH 3

6 Lalu Yeyen membeli dua buah ketimun.

7 Yeyen dan Hendri membeli sepotong tahu…

Permisi, Bu, berapa harganya satu ketimun?

Hanya Rp300!

Baiklah, saya beli dua saja.

Berapa harganya sepotong tahu ini, Bu?

Murah sekali, Nak. Rp200 saja sepotong!

Hmm…sepotong saja.

8 …lalu, mereka ke penjual cabe.

Cabe ini hanya Rp600 sebungkus. Mau?

Rp 500 sebungkus, ya!

Baiklah! Mau berapa bungkus?

Sebungkus saja, Bu.

Hati-hati, ya! Cabe merah ini pedas sekali! Jangan habiskan cabe itu semuanya!

Tentu saja tidak, Bu…tapi kami suka sekali makanan pedas.

Selanjutnya, di rumah Hendri. Hendri dan Yeyen mulai memasak nasi goreng di dapur.

9

Yeyen menambahkan kecap secukupnya supaya rasanya enak.

Hmm…mungkin sedikit lagi…

10

…lalu dua piring, tiga mangkuk dan semua cangkir dipecahkan oleh Imam!

Ya! Saya ingat – lucu sekali.

LANGKAH 3

11

Yeyen mencicipi nasi goreng itu.

Bagaimana rasanya, Yen?

Enak...tetapi sedikit kurang pedas...

Baiklah. Saya tambahkan sedikit cabe, ya?

Boleh – tetapi hati-hati!

Nasi goreng sudah siap, tetapi mereka harus menunggu agak lama...karena Imam harus memasak kue.

Mmm...pas!

12

Hebat! Kelihatannya enak sekali! Baunya juga harum!

Aduh, saya lapar! – tetapi masih harus tunggu sampai Imam selesai.

Sekarang, Imam mulai memasak di dapur.

Sial! Telurnya pecah! Mudah-mudahan teman-teman tidak melihat! Oke-oke – tetapi saya masih pemasak terbaik di dunia!

13

14

Imam menjatuhkan telur, sehingga dia harus mencari satu telur lagi!

Nah – pertama saya campurkan telur dan tepung. Lalu diaduk selama sepuluh menit supaya adonan menjadi rata! Waduh! Panas sekali dapur ini! Saya sudah cape!

LANGKAH 3

Akhirnya, Imam memasukkan adonan ke dalam oven selama satu jam.

15

16

Satu jam kemudian.

Dia memasak kue supaya temannya senang, tetapi...sesudah satu jam, mereka tidak begitu senang!!

17

He! Kuenya sudah siap!!

Imam! Kami sudah kelaparan! Mengapa kamu begitu lama?

18

Masakan ini enak, ya, tetapi sedikit pedas!

Diamlah, Imam, kita sudah tunggu kamu lama sekali.

Ya! Dan kalau Imam memasak di dapur, dapur itu pasti kotor lagi! Tadi, dapur itu rapi sekali!

19

Jangan kuatir, Nurita! Yeyen dan Hendri sudah memasak nasi goreng. Saya sudah membuat kue. Kamu dan Hadi harus membersihkan dapur! ...Nah...mau sepotong kue, sebelum kamu mulai?

LANGKAH 3

KATA-KATA BARU

KITCHEN THINGS

adonan	the batter
bawang putih	garlic
beras	uncooked rice
cabe	chilli
cangkir	cup
kecap	soy sauce
ketimun	cucumber
makanan pedas	spicy food, hot food
mangkuk	bowl
piring	plate
tepung	flour
tomat	tomato
tahu	tofu
wortel	carrot

COOKING TERMS

baunya harum	it smells good
diaduk (aduk)	to be stirred
dibersihkan (bersih)	to be cleaned
digoreng (goreng)	is fried
dipecahkan (pecah)	to be broken/smashed
goreng	fry
habiskan (habis)	to use up
harum	sweet-smelling
kelaparan (lapar)	to be starving
kelihatannya (lihat)	it looks…
mengupas (kupas)	to peel
masakan (masak)	cooked food, the dish
memasak (masak)	to cook
membelikan (beli)	to buy for someone else
membuat (buat)	to make
membersihkan	to clean
memecahkan (pecah)	to smash, break
menambahkan (tambah)	to add to
mencicipi (cipip)	to taste
memotong (potong)	to chop

QUANTITIES

kurang cukup	not enough (of)
sebagian	a piece (of)
sebuah	one (thing)
sebungkus	a packet (of)
sebungkus saja	just one packet
secukupnya	as much as needed
semuanya (semua)	all of it, the whole lot
sepotong (potong)	a slice (of)

OTHER WORDS

bahwa	that
dengan keras	really thoroughly, hard
ingat	to remember
menunggu (tunggu)	to wait
mudah-mudahan	hopefully
nak	younger person (= **anak**, *casual*)
oke-oke	OK, OK (*slang*)
sehingga	so that (as a result), until
selanjutnya	after that, later on
sial!	damn!
sudah cukup	already enough
supaya	so that (*something happens*)
tadi	a while ago

ADJECTIVES

berantakan	messy
cape	exhausted
kotor	dirty
pecah	broken
rapi	neat
rata	smooth, even

TIDAK BEGITU SUSAH!

❶ To buy something for me: membelikan saya…

Look out for the verb **membelikan** in the photo-story! It's where Yeyen reminds Hendri to buy ingredients for Imam:

> Ya, jangan lupa kita harus **membelikan** Imam telur!
>
> Yeah, don't forget we've got to **buy Imam** some eggs!

Membelikan actually means 'to buy for' (someone else). The person you are buying for must immediately follow **membelikan**. You always need to use **membelikan** + (someone else) in this strict order.

There is more information about these **me-kan** type verbs later in this chapter!

Ya, jangan lupa kita harus membelikan Imam telur supaya dia bisa membuat kue!

COBALAH iNi!

1 **Resep: Kari ayam**
Recipe: Chicken curry

BUMBU MASAKAN INDONESIA
bamboe ®
indonesian instant spices
kare

1 **Yang pertama**
Cucilah daging ayam.

2 **Yang kedua**
Potonglah daging ayam.

3 **Yang ketiga**
Hancurkan cabe.

4 **Lalu**
Gorenglah bumbu.

5 **Selanjutnya**
Masukkan ayam dan santan ke dalam wajan.

6 **Akhirnya**
Tambahkan kecap secukupnya.

A Give instructions to a friend to help them make **kari ayam**.

▲ **Yang kedua** saya harus melakukan apa?

● **Potonglah daging ayam!**

▲ Oh, ya! Trims.

BERANi COBA?

Have a go at putting all the steps together in order, so that you can give the full recipe for **Kari ayam!** Your partner can write down the steps and read it back to you to check they've got it right!

▲ Kalau saya mau memasak kari ayam, saya harus melakukan apa?

● Yang pertama, cucilah daging ayam!

▲ Baiklah! Lalu?

● Yang kedua, potonglah daging ayam

▲ Hmmm, lalu apa?…

JANGAN LUPA!

yang pertama	firstly
yang kedua	secondly
yang ketiga	thirdly
lalu	then
selanjutnya	after that, next
akhirnya	finally

HATI-HATI! Kari is also sometimes spelled **kare**.

There is a difference between **masakan, masakkan** and **masukkan**!!

masakan	masak + an	the cooked food, the dish
masakkan	masak + kan	cook it (for someone)
masukkan	masuk + kan	put in

LANGKAH 3

COBALAH INI!

2 Mau mencicipi mie goreng ini?
Would you like to taste this mie goreng?

2 Nasi goreng

1 Mie goreng

3 Gado-gado

4 Krupuk

KATA-KATA BARU

enak	delicious
lezat	delicious
pas	perfect
pedas	spicy
manis	sweet
asam	sour
asin	salty
gurih	deliciously salty and oily

A Use the adjectives on the right to describe the appearance of these dishes.

▲ Bagaimana kelihatannya **mie goreng** itu?

● Kelihatannya **enak** dan **gurih**!

Refer to: p 58 Red hot chilli peppers!

5 Sate ayam

6 Ayam goreng

7 Lumpia

8 Kangkung

B Give an opinion about a dish you are trying.

▲ Boleh saya mencicipi **mie goreng** ini?

● Boleh. Bagaimana rasanya?

▲ Rasanya **cukup** pedas!
atau
▲ Rasanya **kurang** pedas!
atau
▲ Rasanya **terlalu** pedas!

BERANI COBA?

Use **tambahkan** to suggest how you could improve the dish you are trying.

▲ Rasanya **terlalu** pedas. Tambahkan sedikit kecap manis!

● Mmm…pas!

KATA-KATA BARU

cukup	…enough
kurang	not…enough
terlalu	too…
tambahkan	add some…
kecap manis	sweet soya sauce
cabe	chilli

COBALAH INI!

Refer to: p 44 To buy something for me

3 Jangan lupa, kamu harus membelikan saya…!
Don't forget, you've got to buy me…!

1 Imam

telur (2 butir) → kue

2 Nurita

tahu (sepotong) → gado-gado

3 Yeyen

bumbu (sebungkus) → mie goreng

4 Hadi

daging ayam (2 potong) → kari ayam

5 Hendri

pisang (4 buah) → pisang goreng

A Remind a friend who they are buying things for.

▲ Jangan lupa kamu harus membelikan **Imam telur.**

● Ya, jangan kuatir! Saya sekarang ke pasar!

B Find out how much you have to buy.

▲ Saya harus membeli **telur** berapa **butir**?

● **2 butir!**

▲ Baiklah.

C Ask what the ingredients are needed for.

▲ **Imam** perlu **telur** untuk memasak apa?

● Untuk membuat **kue**!

BERANI COBA?
Now ask a friend to buy you something.
▲ **Kamu bisa membelikan saya…?**
Can you buy me…?
● **Saya akan membelikan kamu…**
I'll buy you…

LANGKAH 3

COBALAH INI! PAIR ACTIVITY

4 Ada apa dengan Imam? Sehingga/supaya
What's happened to Iman?

Gossip with your partner about what's been happening here. You'll need to choose either **sehingga** or **supaya** when you answer.

▲ Ada apa dengan Imam?

● Imam bermain dengan telur **sehingga** telurnya jatuh.

▲ Ada apa dengan Rini?

● Rini harus rajin belajar **(sehingga/supaya)** lulus ujian.

▲ Ada apa dengan Agus?

● Agus bermain dengan api **(sehingga/supaya)** tangannya terbakar.

▲ Ada apa dengan Ema?

● Ema makan banyak sekali **(sehingga/supaya)** perutnya sakit.

▲ Ada apa dengan Mia?

● Mia naik ke atas pohon **(sehingga/supaya)** dia terjatuh.

▲ Ada apa dengan Bima?

● Bima membersihkan kamarnya **(sehingga/supaya)** rapi.

 HATI-HATI!

sehingga	so that (as an unintended result)
supaya	so that (something would happen deliberately)

LANGKAH 3

BACALAH iNi!

Refer to: p 54 Recipe instructions

PAIR ACTIVITY

Mari memasak nasi goreng!

Read this recipe to yourself, then discuss it with a friend. Now take it in turns to read out each step of the **nasi goreng** recipe to each other. Your partner should act out what they think you are telling them to do. Then swap over!

NASI GORENG

Sebelum memasak...

Belilah semua bahan-bahan dan cucilah.

Bumbu-bumbu

2 biji bawang putih
5 biji bawang merah
2 biji cabe merah

Herbs and spices

2 cloves of garlic
5 shallots
2 red chillies

Bahan-bahan

2 mangkuk nasi putih

2 sendok makan minyak goreng
Garam (secukupnya)
1 sendok makan kecap manis
1 sendok makan kecap asin
Sebutir telur
Sebuah tomat
3 batang daun bawang

Porsi 4 orang

Ingredients

2 bowls of cooked white rice
1 tablespoon cooking oil
salt (to taste)
1 tablespoon sweet, (thick) soy sauce
1 tablespoon salty (thin) soy sauce
one egg
one tomato
3 spring onions

Kupaslah bawang putih, bawang merah dan potonglah cabe. Hancurkanlah bersama-sama sehingga menjadi bumbu.

Cara membuatnya...

1 Yang pertama
Gorenglah bumbu di dalam wajan dengan sedikit minyak goreng, sampai baunya harum.

2 Yang kedua
Masukkan nasinya dan gorenglah.

LANGKAH 3

3 Yang ketiga
Tambahkan tomat, dan kecap secukupnya.

4 Lalu
Aduk nasi putih dan bumbunya sampai rata. Tambahkan garam secukupnya.

6 Akhirnya
Hidangkan nasi goreng itu dan hiaslah dengan telur, tomat dan daun bawang.

5 Selanjutnya
Gorenglah telur.

Mmm, enak sekali!

Selamat makan!

KATA-KATA BARU

aduk(lah)	stir (it)	**masukkan** (masuk)	put (it) in
cucilah (cuci)	wash (it)	**porsi**	portion, serving
gorenglah (goreng)	fry (it)	**potonglah** (potong)	cut (it)
hancurkanlah (hancur)	crush (it)	**rata**	smooth, even
hiaslah	decorate (it)	**secukupnya** (cukup)	as much as needed
hidangkan (hidang)	serve (it)	**tambahkan** (tambah)	add (it)
kupaslah (kupas)	peel (it)	**wajan**	frying pan, wok

LANGKAH 3

BICARA BEBAS!

Refer to: p 55 Active vs passive
p 57 Just one?

GROUP ACTIVITY

1 Membuat iklan TV!
Making a TV advertisement – small group

Your team wants a job advertising a new product and an opportunity to present a 'pitch' comes up.

This is the brief:

> Advertise one of your favourite foods – be lively and imaginative in your choice of words and presentation style. Make sure the product name frequently comes at the beginning of your sentences so it is emphasised!

You need to work in a small group to find out the best things to say, and how you will audition. Your pitch will be much more impressive if you can use sentences like the example below. Present your advertisement to the class. The best presentation gets the job!

Mmm…**Mie Remez** ini rasanya enak sekali. Lezat dan gurih!

Mie Remez ini bisa dibeli di mana saja, di toko, di pasar atau di warung. Mie ini mudah sekali untuk dimasak, hanya 2 menit saja! Hebat, ya?

Mie Remez ini adalah mie yang paling enak, dan murah sekali. Belilah **Mie Remez** ini karena semua keluarga dan teman-temanmu pasti suka!

LANGKAH 3

USEFUL PHRASES

Rasanya enak!	…bisa dibeli…
Rasanya lezat!	…bisa dimakan dengan…
Rasanya gurih!	…paling enak
Makanlah…	…mudah untuk dimasak
Makanlah…ini karena…	…murah sekali!
Minumlah…	…tidak mahal!
Belilah…	…teman-teman pasti suka!
Belilah…ini karena…	…enak, sehingga…
Jangan lupa untuk membeli…	…makanan/minuman favorit!
…berkualitas terbaik!	…ini terbaik

…terbaik di dunia!

BICARA BEBAS!

Refer to: p 54 Recipe instructions
p 45 Resep: Kari ayam
p 50 Nasi goreng

PAIR ACTIVITY

2 TVRI: Mari memasak!
The cooking show – pair work

You and a friend are world-famous chefs and have been invited as the special guests on an Indonesian cooking show! You can cook either **kari ayam** or **nasi goreng** (see directions in this chapter!).

Use the phrases from the chapter, vocab lists and the step-by-step recipes to help you get through! Don't forget you can add in your own ingredients and personal comments to give your presentation its own style!

1

> Selamat pagi, para penonton! Nama saya John, dan ini teman saya namanya Susie.

> Selamat pagi, John, selamat pagi, para penonton. Hari ini kami akan memasak kari ayam.

2

> Nah...yang pertama cucilah...

> ...dan potonglah daging ayam.

3

> Bagaimana rasanya, Susie?

> Hmm...kurang pedas! Mungkin tambahkan sedikit cabe.

4

> Mmm...enak sekali, ya!

> Ya, rasanya pas!

> ...karena kita pemasak terbaik di dunia!

> Tentu saja!

USEFUL PHRASES

bersama-sama	all together
para penonton	viewers, audience
selama...menit	for...minutes

BERANI COBA?

You can use your own favourite recipe for the cooking-show presentation!

LANGKAH 3

TIDAK BEGITU SUSAH!

2 Of course not! Tentu saja tidak!

To emphasise that something *won't* happen we say **Tentu saja tidak!** This means 'Of course not!'. Here's an example from the photo-story:

Penjual: **Hati-hati! Cabe merah ini pedas sekali! Jangan habiskan cabe itu semuanya.**
Be careful! These red chillies are very hot! Don't use all of them!

Hendri: **Tentu saja tidak, Bu.**
Of course not, Bu.

3 Recipe instructions using base verbs, -kan and -lah

There are three ways of giving instructions for recipes: base verb, **-kan** and **-lah**.

base verb You will see recipe instructions that use the base verb only. This is a very direct way of giving instructions, and not used in polite speech.

aduk	stir, beat
potong	cut
tambah	add
goreng	fry

-kan The suffix **-kan** is often seen in recipe instructions. It shows that the base word is acting on something.

panaskan	heat it
hancurkan	crush it
masukkan	put it in…
tambahkan	add it

-lah Many recipe instructions also use the suffix **-lah** which makes the instruction more obvious.

kupaslah	peel it
hiaslah	decorate it
aduklah	stir it

Note: Sometimes you will even see both **-kan** and **-lah** used together.

hancurkanlah	crush it

aduk

masukkan

hancurkanlah

kupaslah

TIDAK BEGITU SUSAH!

❹ Terms of address: Murah sekali, Nak!

In frame 7 of the photo-story the tofu seller calls Hendri and Yeyen **Nak** (short for **anak**). She is not trying to put down Yeyen and Hendri by calling them children, but using an acceptable term for speaking to younger people. It's like calling older people **Pak** and **Bu** – it's *not* misunderstood as 'dad' and 'mum'. Indonesians commonly use family terms to address one another. This shows respect and means you don't always have to worry about finding out people's names!

❺ Active vs passive

When we look at the structure of sentences closely they usually fall into two categories. There are:

Active sentences	where the **actor** (person or thing doing the action) comes first
Passive sentences	where the **object** (the thing having the action done to it) comes first

Look at this active sentence:
> **Imam memasak kue itu.**
> Imam is cooking that cake.

Now ask yourself:
1. Who is doing the action (cooking)? That's the **actor** (Imam).
2. What action is taking place? That's the **verb** (memasak).
3. What thing is being made? That's the **object** (kue itu).
4. Does the **actor** come first? Yes? Then it's an **active** sentence. No? Then it's a **passive** sentence

I'm cooking. I am an actor.

Imam → memasak → kue itu.

I'm being cooked. I am an object.

Now look at this passive sentence. It means the same as the active one but looks different.
> **Kue itu dimasak (oleh) Imam.**
> That cake was cooked by Imam.

Imam is still cooking the cake, but the position of the **actor** (Imam) and the **object** (that cake) have *swapped* places. Now the cake, or **object**, is the focus of the sentence because it comes first, rather than Imam.

What other changes have taken place?

The verb now has a **di-prefix** instead of a **me-prefix.** It's often useful to imagine that a **di-verb** is a *reversal* of a **me-verb.** The word **oleh** can be used to fill the place of 'by'. **Oleh** isn't essential so it has been left in brackets.

Kue itu ← dimasak ← (oleh) Imam.

It's helpful to visualise the movement of the sentence. Does the sentence move forward from left to right? Then it's an active sentence.

> **Imam → memasak → kue itu.**

Or does the sentence seem a bit backwards, with the action moving from the back? This is a passive sentence.

> **Kue itu ← dimasak ← (oleh) Imam.**

Note Passive sentences are also often called 'object-focus' or 'object construction' sentences because they focus the attention of the sentence on the object. Active sentences can also be called subject-focussed.

TIDAK BEGITU SUSAH!

6 ## Me-kan verbs!! me- + base verb + -kan

You're already familiar with **me**-verbs words like **memasak** and **melihat**. Now here are some **me-kan** verbs which you will have seen a lot in this chapter, like **membersihkan** (to clean something), which is used in the photo-story. The **me-kan** verb form is used a lot in Indonesian and it has a few functions.

Causative Some **me-kan** verbs have a **causative** effect on the object in the sentence, which means they make it, or **cause** it, to undergo the action.

verb	me + verb + kan	
membesarkan	me(m) + besar + kan	to make it bigger, enlarge
membersihkan	me(m) + bersih + kan	to make it clean
menjatuhkan	me(n) + jatuh + kan	to drop something (make it fall)
menambahkan	me(n) + (t)ambah + kan	to add something

Here's an example from the photo-story where Imam assures Nurita:
Kamu dan Hadi harus membersihkan dapur!
You and Hadi have to clean the kitchen!

> Saya harus membelikan Imam telur ini.

Benefactive Another common result from adding **me-kan** to a word is that the action benefits someone else, this is called **benefactive** effect. In these cases the person who benefits follows right after the verb.

memasakkan	me + masak + kan	to cook for someone else
membelikan	me + beli + kan	to buy for someone else

Here's an example from the photo-story where Yeyen reminds Hendri:
Ya, jangan lupa kita harus membelikan Imam telur!
Yeah, don't forget we have to buy Imam some eggs!

Other me-kan verbs Some **me-kan** verbs are just the **best way** to say that action.

mengadakan	meng + ada + kan	to arrange, to hold (a party)
mengerjakan	meng + (k)erja + kan	to do, to work
melakukan	me + laku + kan	to do, carry out

Note Notice that most verbs keep a similar meaning to the base verb when they go though the **me-** and **me-kan** process. But **hati-hati!** Sometimes there are tricky words which actually change their meanings almost completely. Good verbs just to be aware of are the following:

base verb		me-verb		me-kan verb	
bangun	to wake up	membangun	to build	membangunkan	to wake someone up
tinggal	to live	meninggal	to die	meninggalkan	to leave somewhere

You can use the **me-**verb table on page xi to help you.

LANGKAH 3

7 ...and then that happened!! Sehingga and supaya

Sehingga is used to explain that one thing happened as the **result** of another thing occurring. It has a sense that the action wasn't deliberately designed to get the result.

Imam menjatuhkan telur sehingga dia harus mencari satu telur lagi.

Here are two examples:

Imam menjatuhkan telur, sehingga dia harus mencari satu telur lagi!
Imam dropped the egg so (as a result) he had to look for another one!

Kalau Imam memasak selalu berantakan, sehingga dapur harus dibersihkan dengan keras!
When Imam cooks it's always a mess, so the kitchen has to be really well cleaned!

Supaya is used when an action is **deliberately done** to achieve an intended result.

Imam mau memasak kue supaya temannya senang.

You can see these examples in the photo-story:

Yeyen menambahkan kecap secukupnya supaya rasanya enak.
Yeyen added just enough soy sauce, so that it would taste better.

...campurkan telur dan tepung. Lalu diaduk selama sepuluh menit supaya adonan menjadi rata!
...mix the eggs and flour. Then beat for ten minutes so that the batter is smooth.

8 Just one? Sebuah, sebungkus, sepotong, sebatang, sebiji, sebutir

When you go shopping and are using measurable quantities, it's important to know how to ask for things. These words help you be specific about how much you want to buy.

sebungkus	a packet	used when things come in packets
sepotong	a slice	used for slices of things like cake
sebatang	one (thing)	used for cylindrical objects like bamboo or spring onions
sebiji	one (thing)	used for small round objects like garlic cloves or lollies
sebutir	one (thing)	used for round things like eggs
sebuah	one (thing)	used widely for objects like fruit, chocolate bars, books etc.

Note: **sebuah** is often left out of casual speech, as when shopping at the market.

Permisi, Bu, berapa harganya satu ketimun?
Excuse me, how much is one cucumber?

Can you work out what this person is buying at the warung?

Yacinta membeli sebuah mangga, sepotong kue, sebungkus permen dan sebutir telur.

HATI-HATI!

Remember that **se-** means **one** of something so **dua** bungkus would be **2** packets, **dua** potong would be 2 slices and so on.

LANGKAH 3

INDONESIA ASYIK!

1 Di dapur Indonesia

Indonesian kitchens are often much simpler than the average Australian one. Most kitchens have an oil or gas burner over which sits a large **wajan** used for frying and cooking. The **oven** is not a common piece of equipment as traditional dishes tend *not* to be baked. However you will always find a **cobek dan alu** which are essential for grinding together the spices that make Indonesian food so tasty.

Indonesians prefer to use fresh ingredients in their cooking. For the best choice and freshest food, most Indonesian **ibu**, or the **pembantu**, rise before dawn and go to the markets in the cool part of the day to buy meat and vegetables that will be used in cooking that day.

wajan

cobek dan alu

2 Red hot chilli peppers!

Indonesians love spicy food, so they usually add a bit of zing to their cooking with lots of herbs and spices, such as garlic, ginger, lemon grass, shallots and of course – chilli!

It's helpful when reading menus, food labels etc. to know what to look out for. All these words have some 'chilli' in them: **cabe, cabai, lombok** and **sambal**.

Awas! This is definitely a case of 'less is more' – the smaller the chilli the hotter they are. Small chillies are called **cabe rawit**. The main difference between the green and the red chillies is the taste. The green chillies are actually unripened red chillies, but usually a combination of the two are used in most dishes. Both are **pedas sekali!**

Sambal – hot chilli sauce – is usually a permanent fixture of an Indonesian table setting and is made from a selection of freshly ground chillies and herbs. Don't underestimate its strength, just try **sedikit sambal** at first. Otherwise you might feel like calling the fire brigade!

If you do eat something that is **terlalu pedas** for you, good remedies are either eating more **nasi putih** or **ketimun**, or eating something **manis** like fruit, rather than drinking a glass of water.

Masakan padang (traditional dishes originating in West Sumatra) is famous for being **pedas sekali!**

iNDONESIA ASYiK!

3 Hey, where are the chopsticks??!

Did you know that traditionally Indonesian meals were eaten with the fingertips of the right hand, not chopsticks? Chopsticks aren't common in Indonesia, though you will find them in Chinese restaurants (or served with noodle soup where they are particularly useful!).

Now, in modern Indonesian households, the table is usually set with a fork and spoon, placed at the top or sides of a shallow bowl/plate (**piring**). Knives are not set on the table as most food is already prepared in bite-sized pieces. Boiled water is often served in glasses with the meal.

The right hand is still the preferred hand to use for eating, as the left hand is considered unclean. You use the fork to push food onto your spoon, which of course is in your right hand. You shouldn't pass anything at the table with your left hand either!

At the end of a meal it is polite to turn your fork and spoon over in the middle of the plate. This looks neat and also indicates that you are **sudah kenyang!**

4 Eating etiquette

A typical Indonesian meal consists of lots of rice and a variety of tasty dishes which can be vegetables, soy products or meat. Eating every part of an animal is not uncommon in Indonesia. Things like heart, lungs, liver, feet, heads, intestines etc. are often served.

A good general rule of eating is to take a large helping of rice and little samples of all the dishes until you decide on the ones you like! Your host will appreciate your enthusiasm!

Sometimes if you're eating something and enjoying the flavour but can't identify what it is, maybe it's best not to know and not spoil the experience!

5 No pork, please!

Most Indonesians (about 90%) are Muslims, so they are not allowed to eat any pork product according to religious law. Strict Muslims only eat food which has been prepared in a special way called **Halal**. You will notice the word **Halal** on some menus, food packages and in advertising in Indonesia. This is a guarantee that the food has been prepared according to Islamic religious law, and would definitely not have any pork in it. In Bali, by contrast, **babi panggang** (roast pork) is a popular dish. Balinese are mainly Hindus, who are allowed to eat pork.

LANGKAH 3

KATA-KATA BARU

COOKING TERMS

bersama-sama	all together
campurkan	mix it
bersihkan (bersih)	clean it
cara membuatnya	the method
gorenglah (goreng)	fry it
hancurkan (hancur)	crush it
hiaslah (hias)	decorate (it)
masakan (masak)	the cooked food, the prepared dish
masakkan (masak)	cook it (for someone)
masukkan (masuk)	put in
memasak (masak)	to cook something
membuat (buat)	to make
memotong (potong)	to cut
mencicipi (cicip)	to taste
menambahkan	to add something
mencuci (cuci)	to wash something
mengupas (kupas)	to peel something
panaskan (panas)	heat it
selama…menit	for…minutes
tambahkan (tambah)	add it

INGREDIENTS

adonan	batter
air	water
bahan-bahan	ingredients
bawang	onion
bawang merah	shallots
bawang putih	garlic
beras	uncooked rice
bumbu	spices
cabe	chilli
daun bawang	spring onion
garam	salt
gula	sugar
kecap asin	salty soy sauce
kecap manis	sweet soy sauce
ketimun	cucumber
krupuk	(prawn) crackers
minyak goreng	cooking oil
tahu	tofu
telur	egg
tepung	flour
tomat	tomato
wortel	carrot

FOOD ADJECTIVES

enak, sedap	delicious (most commonly used)
lezat	delicious
manis	sweet
asin	salty
asam	sour
gurih	deliciously salty and oily (like fried chips)
berkualitas terbaik	the best quality
paling enak	the tastiest, the most delicious
masak	cooked (of food), ripe (of fruit)
pedas	spicy, hot
rasanya	its flavour
rata	smooth

IN THE KITCHEN

alu	pestle
cangkir	cup
cobek	mortar
garpu	fork
kompor	stove, ring burner
mangkuk	bowl
panci	saucepan
oven	oven
piring	plate
sendok makan	tablespoon
wajan	wok, frying pan

QUANTITIES

kurang cukup	not enough (of)
sebagian	a piece (of), a part of
sebutir	one (round thing)
sebiji	one (small round thing)
sebatang	one (cylindrical thing)
sebuah	one (thing)
sebungkus	a packet (of)
sebungkus saja	just one packet
secukupnya	as much as needed
semuanya	all of it, the whole lot
sepotong	a slice (of)

PUTTING THINGS IN ORDER

yang pertama	firstly
yang kedua	secondly
yang ketiga	thirdly
lalu	then
selanjutnya	after that
akhirnya	finally

LANGKAH 3

WOW! KEREN!

KESENIAN DAN MUSIK

YOU'LL LEARN HOW TO:

- talk about the qualities of a piece of artwork or music
- choose a present for someone
- convince someone to buy a certain present
- reject a gift suggestion
- discuss your personal preferences for music and art
- talk about favourite artists or groups
- be familiar with some typical Indonesian music styles
- be familiar with Indonesian art forms

WAH! ITU JUGA BAGUS, YA?

Yeyen dan Nurita berjalan ke toko untuk mencari hadiah.

Aduh, panas ya! Masih jauh, Yen?

1

Tidak, sudah dekat. Hanya dua menit lagi!

Imam, Hendri dan Hadi sedang jalan-jalan. Tiba-tiba…

2

Eh, Imam, kamu tahu Yeyen dan Nurita ke mana?

Tadi saya menelepon tetapi mereka sedang keluar…

Eh…itu mereka!

3

Hai!

Hai, Nurita. Hai, Yeyen!

Kalian mau ke mana?

Saya mau ke toko seni.

Toko seni yang mana?

4

Yang itu. Kalian mau ikut?

Ayo!

Ya, boleh juga.

Mereka sudah sampai di Toko Tjokrosuharto.

5

Kamu mau mencari apa, Yen?

Saya lapar! Saya belum makan.

Saya mau mencari hadiah untuk ulang tahun ibu saya.

Hadiah apa?

Waduh! Cewek ini selalu berbelanja.

Saya belum pasti!

Imam, Nurita, Hendri dan Hadi coba membantu Yeyen memilih hadiah, tetapi Yeyen masih bingung…

6

Aduh…wayang kulit ini asyik sekali!

Ya, ini bagus, Yen. Berwarna-warni dan halus!

Hmm…ini cukup menarik…

7

Bagaimana, saya lebih ganteng pakai topeng ini?

Sama saja! He-he!

Bagaimana dengan topeng ini?

Ya, bagus, tapi ibu saya mungkin tidak suka!

8

Bagaimana dengan cincin perak ini, Yen?

Wah…ini juga bagus!

Saya suka cincin-cincin ini. Mungkin saya coba…

9

Mungkin ibu kamu suka cincin dengan batu ini.

Lihat, Imam seperti penjual cincin!

Ayo, Yen, pilih batu warna apa?

Ah…kamu main-main saja. Cincin ini tidak cocok untuk ibu saya!

Hadi, Imam dan Hendri tidak sabar lagi. Mereka masuk lagi ke dalam toko.

15

Selendang ini bagus sekali, Yen! Ibu kamu pasti suka!

Anu…saya masih bingung!

Sudah ini saja!

Ya, saya lapar sekali!

16

Ya, baiklah! Mudah-mudahan ibu saya suka selendang ini.

Akhirnya!

17

Bu, saya mau membeli selendang ini. Berapa harganya?

Pilihan yang bagus! Selendang ini indah sekali dan berkualitas tinggi. Harganya cukup murah. Hanya Rp75.000.

Baiklah.

18

Nurita, ini bagus atau tidak?

Yeyen! Ibu kamu pasti suka!

Sudahlah, saya lapar sekali. Ayo makan!

KATA-KATA BARU

berkualitas...	to be of...quality
bingung	confused
cincin	a ring
halus	refined, smooth, elegant
kalian	you/all of you
pasti	sure; definitely, certainly
patung	statue
perak	silver
selendang	traditional sash worn with batik
sudahlah	that's enough!, get over it!
topeng	mask

HATI-HATI!

Often in casual conversation Indonesians drop the prefix of the verb. Here are some examples from the two photo-stories in this chapter:

Beli apa, ya?

Imam, boleh saya **tanya**, mengapa kamu suka musik klasik?

...saya **punya** banyak koleksi Mozart di rumah.

Beli (membeli), **tanya** (bertanya) and **punya** (mempunyai) are examples of **ber-** and **me-**verbs that have been shortened to make them sound more casual. This is appropriate for casual conversations between friends.

JANGAN LUPA!

Tadi means 'just before' and is used twice in the photo-story:

Tadi saya menelepon...
I just telephoned...

...cincin yang tadi
...that ring (we saw) just before

TIDAK BEGITU SUSAH!

LANGKAH 4

1 She'll definitely like it! Pasti dia suka!

Pasti is the word you need to say you're sure. When used with **tidak** and **belum** it means unsure or not at all sure. It also means 'definitely'. Here are the common ways it is used:

Ibu kamu pasti suka.	Your mum will definitely like it.
Pasti dia suka.	She will definitely like it.
Saya kurang pasti.	I'm not so sure.
Saya belum pasti.	I'm not sure yet.
Dia tidak pasti.	He's not sure (at all).
Dia pasti akan datang!	He will definitely come!
Kalian pasti akan suka, percayalah!	You (all) will definitely like it, believe me!

Here are some other ways of expressing certainty or agreement:

Boleh juga.	Yeah, all right.
Sudah ini saja!	Just (get) this one!
Baiklah!	Okay!
Saya suka yang ini	I like this one

And some more ways of expressing hesitation or doubt:

anu...	umm...
Kamu main-main saja!	You're just being silly!
mudah-mudahan	hopefully
hmm...ini juga bagus	hmm...this one's good as well
Mungkin dia suka yang ini...	Maybe she'll like this one...
Saya bingung!	I'm confused!
Ya, bagus, tapi mungkin...	Yeah, it's good, but maybe...
Yang ini lebih baik	This one's better

COBALAH INI!

1 Bagaimana dengan batik ini?
How about this batik?

You only have Rp300.000 to spend. Ask a partner to help you to choose a present for a friend. Look at the pictures, the prices and phrases in the box to help you express your opinions about the gift suggestions. Talk about the price of the gift in relation to your budget.

1 Batik
Rp150.000

3 Topeng
Rp40.000

2 Wayang golek
Rp75.000

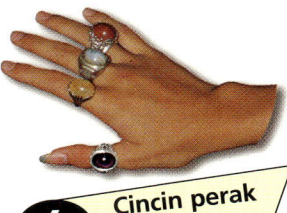

4 Cincin perak
Rp200.000

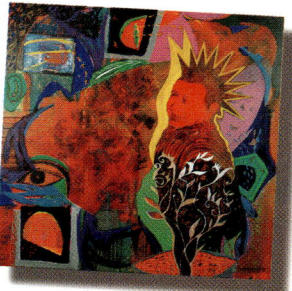

5 Lukisan
Rp650.000

6 Ukiran
Rp300.000

A Convince a friend to buy a certain present.

▲ Saya mau mencari hadiah untuk teman saya.

● Bagaimana dengan **batik** ini?

▲ Anu…saya masih bingung.

● Tapi bạtik ini **halus** dan **cukup murah**! Teman kamu pasti suka!

▲ Ya, baiklah! Mudah-mudahan teman saya suka **batik** ini.

B Reject a suggestion from a friend.

▲ Saya mau mencari hadiah untuk teman saya.

● Sudah pilih atau belum?

▲ Belum…saya belum pasti…

● Bagaimana dengan **lukisan** ini?

▲ Tidak. **Lukisan** ini tidak begitu **menarik** dan **terlalu mahal**!

USEFUL PHRASES

halus	refined
indah	beautiful
menarik	interesting
berkualitas tinggi	of high quality
terlalu mahal	too expensive (you won't buy it)
mahal sekali	very expensive (you probably won't buy it)
agak mahal	pricey but worth it
cukup mahal	a bit pricey (but you still might buy it)
cukup murah	nice and cheap (it's a good price and you'll probably buy it)
murah sekali	cheap as chips! (so cheap you can hardly refuse!)
terlalu murah	too cheap (maybe the quality isn't very good, so you won't buy it)

LANGKAH 4

COBALAH iNi!

Refer to: p 72 Passive sentences

2 Lukisan ini dilukis oleh siapa?
This painting was painted by whom?

Perhiasan oleh Bayu (buat)

Batik oleh Sulastri (tulis)

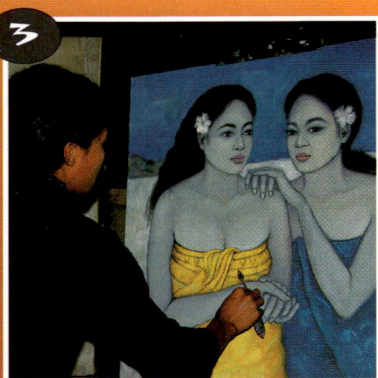

Lukisan oleh Dani (lukis)

Patung oleh Novi (ukir)

Kaus oleh Mia (tulis)

Ukiran oleh Ridwan (ukir)

Gaya (style)

modern
abstrak
tradisional
realistis

Putting the **object first** and using a **di-verb**, describe the style of each item and who made it!

- ● **Perhiasan** ini **dibuat** dengan gaya apa?
- ▲ **Perhiasan** ini **dibuat** dengan gaya **modern**.
- ● Dan **dibuat** oleh siapa?
- ▲ **Perhiasan** ini **dibuat** oleh **Bayu**.
- ● Wah, **menarik** sekali!

BICARA BEBAS!

Refer to: p 66 She'll definitely like it!
p 67 Cobalah ini! 1
pp 62–65 Photo-story

1 Membeli oleh-oleh
Buying souvenirs – small group activity

In a group you have to decide on a souvenir from Indonesia to buy for a friend back home. Look at the pictures below and in **Cobalah ini! 1** and decide which souvenir would suit your friend best.

Discuss the souvenirs. Don't forget to talk about the quality and price! Use the photo-story to help you.

○ **Topeng**
Rp175.000

○ **Ukiran kayu**
Rp80.000

○ **Patung batu**
Rp200.000

○ **CD**
Rp60.000

○ **Kain batik**
Rp125.000

○ **Kaus**
Rp30.000

USEFUL PHRASES

Batik itu ditulis dengan baik.
Batik itu oleh-oleh yang bagus untuk…
Oleh-oleh ini cocok karena…
Wah – terlalu mahal!
Mungkin, Susie lebih suka…
Pasti dia suka…
Bagaimana dengan ini?
Bagus juga, ya, untuk dia.

BERANI COBA?

One of your group can be a friend who hates shopping and is very impatient. These phrases can help:

▲ Sudahlah!
▲ Cepatlah! Ayo!
▲ Sudah pilih atau belum?
▲ Aduh, kamu lama sekali!
▲ Sudah ini saja!
▲ Akhirnya!

LANGKAH 4

BACALAH INI!

Profile of a modern artist

MENGAPA AYAM JAGO?
BIOGRAFI PELUKIS MODERN INDONESIA

Data pribadi
Nama: Syarief Hidayat
Tanggal lahir: 15 Mei 1968
Tempat lahir: Bandung, Jawa Barat
Bintang: Taurus
Studio: Sanggar Olah Seni, Jalan Siliwangi No. 7, Babakan Siliwangi, Bandung, Indonesia.

Di Indonesia ada banyak sekali pelukis, mulai dari pelukis tradisional sampai ke modern. Salah satu pelukis terbaik adalah Syarief Hidayat. Dia mulai belajar melukis sejak dia masih kecil. Pada waktu dia berumur 11 tahun dia pergi ke India untuk ikut pameran lukisan anak-anak. Sejak itu, lukisan Syarief dipamerkan di hampir seluruh kota di Indonesia.

Yang menarik sekali tentang lukisan Syarief adalah tema atau objek untuk lukisannya berasal dari alam dan lingkungannya, seperti ayam jago, anjing, dan cicak. Selain itu ada tema lain seperti isu-isu sosial pada saat-saat modern ini.

Lukisan Syarief menggambarkan alam, binatang-binatang dan tumbuh-tumbuhan yang hidup bersama secara harmonis.

Karya-karya terbaiknya biasanya berwarna terang dan bergaya abstrak.

Judul: 'Jago di pagi hari', 1998
Nama seniman: Syarief Hidayat
Umur seniman: 33 tahun
Gaya: Lukisan (abstrak)
Harga: Rp750.000

Footnotes

alam	nature	pameran lukisan	art exhibition
ayam jago	rooster	saat-saat	moment; *in this article:* era
bergaya...	in...style	salah satu...	one of the...
cicak	small gecko	secara	in a...way
dipamerkan	to be exhibited	sejak	since
hampir	almost	selain itu	apart from that
judul	title	seniman	artist
karya-karya	the work	tema	theme
lingkungannya	the environment	terang	bright
menggambarkan	to show, to depict	tumbuh-tumbuhan	plants

BICARA BEBAS!

Refer to: p 74 Passive sentences
p 70 Cobalah ini! 2

CLASS ACTIVITY

2 Pameran lukisan dan musik
School art & music exhibition – small group or whole class

Stage a school or class art and music exhibition!! To make your display, collect artworks, songs or favourite CDs from your classmates or even other classes. You may even make your own sketches or colourful abstract paintings, write a song, or copy out the lyrics of your favourite song!

While collecting the materials, be sure to note who the artist is, how the work was done and some comments about it – you will need to document this for the exhibition. Write labels for each piece in Indonesian.

Decide who will be the exhibition guides and who will be the journalists for the school newsletter and who will be potential art/music promoters coming to buy the exhibition pieces. Hold the exhibition. The guides can answer the questions from the buyers and journalists.

Judul:	DIALOG III
Nama seniman:	SYARIEF HIDAYAT
Umur seniman:	33 TAHUN
Gaya:	ABSTRAK
Harga:	Rp 860.000

Lukisan ini dilukis dengan gaya apa? Dilukis oleh siapa?

Oh, ini dilukis oleh saya. Ini dilukis dengan gaya realistis.

Gaya realistis?! Ini gaya abstrak!!

LANGKAH 4

USEFUL PHRASES

Lukisan ini dilukis oleh siapa?
Lagu ini ditulis oleh siapa?
Berapa umur seniman ini?
Lukisan ini dilukis dengan gaya apa?
Berapa harganya?
Wah! Mahal, ya? Bisa ditawar?

HATI-HATI!

The rupiah to dollar exchange rate changes every day, so check your newspaper, your local bank or the Internet to find out current rates. At the time of printing this book, the rate was about $1 to Rp4000 – so you can use that as a rough guide to figure out how much to charge for your masterpiece!

TIDAK BEGITU SUSAH!

2 Passive sentences with di-verbs

Here's an example of a passive sentence:

Lukisan itu dilukis oleh Tuti.
That painting was painted by Tuti.

You'll notice this type of sentence quite often in Indonesian. This is the 'passive' way of expressing yourself, where the **object** of the sentence comes first rather than the person, or **actor**. These sentences are really useful in situations like: praising someone's achievements or creations, correcting someone's mistakes, commenting on someone's new outfit or purchase, looking for a present in a gift shop, or practically any time you particularly want to discuss an object (like a book, CD, painting, an assignment etc.).

There are three main reasons for using a passive sentence like this:

1 You might be already talking about the object.
2 You don't want to embarrass the person, who might be shy, by drawing attention to them immediately.
3 There isn't an actor mentioned at all.

There are 2 types of passive sentences. We will look at passives using a **di**-verb now, and passive type 2 in **Langkah 8**.

Passive sentences using **di**-verbs:

A **di**-verb is used when there is no actor mentioned in the sentence.
A **di**-verb is used when the actor is a 3rd person.

3rd person means the person is not you or me! It's someone else! Use the pictures on the side to help you with the concept of 1st, 2nd and 3rd person.

1st person
I, me, we, us

saya, aku,
kami, kita

2nd person
you

kamu, engkau, anda
kalian

3rd person
he, she, they,
someone else

dia, Bapak kamu,
anjing saya
mereka, anak-anak

LANGKAH 4

To see how an active sentences becomes a passive one follow these steps:

Active sentence

Tuti   melukis   lukisan itu.
(actor)   (verb)   (object)

1 Move the **object** to the front.

Tuti melukis <u>lukisan itu</u>.
(object)

2 Make the **actor** come after the **verb**.

Lukisan itu <u>Tuti</u> melukis.
(actor)

3 Change the **me**-verb to a **di**-verb. (This reverses the direction of the **verb**).

di
Lukisan itu ~~me~~lukis Tuti.
(verb)

4 Add in **oleh** if you like.

Passive sentence
Lukisan itu dilukis <u>oleh</u> Tuti.
(by)

The actual meaning of the sentence hasn't changed, but the *emphasis* of the sentence has!

INDONESIA ASYIK!

Musik ini terbaik!

CD is pronounced as in English.

HATI-HATI!

Imam dan temannya di toko CD. Yeyen coba membantu Imam untuk memilih, tetapi…

1

Kamu suka musik apa, Imam?

Saya suka musik klasik.

Apa? Musik klasik? Saya pikir orang seperti kamu lebih suka musik rock atau yang lainnya.

2

Dan kamu suka musik apa, Yen?

Saya lebih suka musik pop.

Saya juga suka musik pop, tapi saya lebih suka musik klasik. Musik klasik adalah musik terbaik!

3

Bagaimana dengan kamu, Nurita, kamu suka musik apa?

Saya suka musik jazz, musik jazz asyik!

Saya tidak suka musik jazz, saya tidak mengerti musik jazz.

4

Kamu suka musik apa, Hadi?

Saya suka musik alternatif.

Saya tidak suka musik alternatif, terlalu keras!

5

He, Hendri, apa benar Imam suka musik klasik?

Mungkin dia berbohong.

Yo, mungkin benar, tetapi saya kurang pasti. Saya lebih suka musik reggae.

LANGKAH 4

KATA-KATA BARU

KATA-KATA BARU

alternatif	alternative
apalagi	especially, what's more…
asal	as long as
berbohong (bohong)	to tell lies
didengar (dengar)	to listen to (passive)
dikembalikan (kembali)	to be returned to… (passive)
enak untuk didengar	nice to listen to
pasti	definitely, sure
percayalah!	believe me!
salah satu	one of the only…
salah satu…terbaik	one of the best…
sama sekali	at all
Sudah pilih atau belum?	Have you chosen yet, or not?
terlalu keras	too heavy, hard, loud
tukang sate	satay seller
yang lainnya	other ones

ARTS AND CRAFTS

batu	stone
cara	method
gaya	style
hadiah	a present
judul	title (of painting etc.)
kain	cloth
kayu	wood
kesenian	art
kulit	skin, leather
lukisan	a painting
oleh-oleh	souvenir
patung	a statue
perak	silver
seniman	artist
topeng	a mask
ukiran	a carving
wayang kulit	shadow puppet

ADJECTIVES

abstrak	abstract
berkualitas tinggi	of high quality
halus	refined, elegant
indah	beautiful (of things)
keren	cool
menarik	interesting
realistis	realistic

VERBS

melukis (lukis)	to paint
membuat (buat)	to make
menyanyi (nyanyi)	to sing
mengukir (ukir)	to carve
menulis (tulis)	to draw (for batik)

TIDAK BEGITU SUSAH!

3 One of the… Salah satu…

You will notice that Imam describes Mozart as **salah satu komposer terbaik**, meaning Mozart is 'one of the best composers'. We use the expression **salah satu** when we want to point out something in particular from a group of similar things.

How would you say 'One of the best groups is…'?

Answer: Salah satu grup terbaik adalah…

4 Mbak dan Mas

You already know how **Pak, Bu, adik-adik** and **Nak** are used to address people. Here are two more to add to your collection! These terms come from the Javanese language, but are now heard in other parts of Indonesia. They are very commonly used in Central and East Java.

Mbak   Used for young women who aren't old enough to be called **Bu**.
A bit like 'sister'. Good for addressing shop assistants, waitresses etc.

Mas   Used for young men who haven't quite made it to **Pak** status yet!
A bit like calling someone 'brother' or 'mate', but still polite.

LANGKAH 4

MUSIK DAN KESENIAN DI INDONESIA!!

YOU'LL LEARN

- about new and traditional Indonesian music
- about some new bands in Indonesia today
- how to talk about your favourite bands and top ten songs
- how to make batik step by step
- some interesting information about how batik came about
- what some of the other art forms are in Indonesia

THE ARTS IN INDONESIA

It is often said that everyone in Indonesia is an artist of some sort. This is probably due to the fact that arts and crafts, music and performances were a natural inclusion in most events that occur within an Indonesian village. Here are some of the typical arts you might encounter.

Batik making (membuat batik)
Dyeing of cloth using wax to make patterns

Wayang golek making (membuat wayang golek)
Wooden puppet making

Pottery (membuat tembikar)
Pots handbuilt or thrown on a wheel

Practically everywhere you look, and with everything you use in Indonesia, there is evidence of artwork: from batik cloth sarongs and tablecloths to wooden carved rice spoons; decorated doorways and picture frames; woven chair seats; streets with offerings left out for the gods; the distant sound of a gamelan performance; the traditional family **keris** on the wall; the beautiful silver jewellery decorating someone's hair; the **ikat** cloth couch cushions you are sitting on – and so on and so on!

References
If you want to investigate these art forms some more, there are lots of resource books you can use. Two good ones which have some great information are *Arts and Crafts of Indonesia* by Anne Richter, and *The Art of Indonesia* by Kate Hart, which has a more hands-on approach.

Wayang kulit making (membuat Wayang kulit)
Flat painted buffalo-hide shadow puppets

LANGKAH 4

Wood carving (mengukir kayu)
Making furniture, house decorations, statues

Mask making (membuat topeng)
Carved, painted masks for dancing and ritual

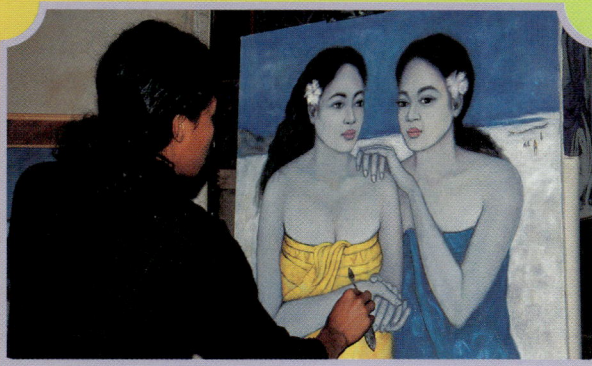

Painting (melukis)

Offering making (membuat sesajen)
Special patterns of fruit, rice or flowers

Other Indonesian art forms include:

☛ **Stone sculpture (mengukir batu)**
Making statues for temples and homes

☛ **Ikat cloth weaving (menenun kain ikat)**
A loom cloth with woven patterns

☛ **Traditional dances (menari)**
Dances which tell traditional stories

☛ **Keris making (membuat keris)**
Traditional long wavy dagger, with mystical powers

☛ **Basket weaving (menganyam keranjang)**
Baskets and homewares woven from reeds

☛ **Silversmithing (membuat perhiasan perak)**
Making jewellery and ornate objects

☛ **Dramatic performance (wayang orang)**
Plays with traditional stories performed live

☛ **Wayang kulit performance (wayang kulit)**
The puppeteer moving the shadow puppets

☛ **Angklung playing (bermain angklung)**
Bamboo instruments, played in a group

☛ **Gamelan playing (bermain gamelan)**
An Indonesian percussion orchestra

And so the list goes on!

LANGKAH 4

BATIK!

When you hear the word **batik** you might think of cheap souvenir sarongs, or the tacky shirts your uncle used to bring back from holidays, right? Well, think again! Batik is actually an ancient art of Java, where beautiful designs are drawn or stamped onto a cloth in hot wax and then an elaborate cycle of dyeing and waxing continues until a complex pattern of rich colours emerges. The word **batik** comes from the Javanese word **tik**, meaning 'dots'.

Batik material was traditionally made by women of royalty as a leisure-time activity. Some pieces could take months to complete! Early batik designs were thought to have magical powers and would give protection to those who wore them.

Batik is now an important export industry of Java as many Western countries are appreciating batik's decorative qualities for soft furnishings, wall hangings and fabric for clothes and accessories. You have to check your batik carefully, however, as the exported cloth is sometimes mass-produced with the patterns of batik printed on it.

The two methods of applying wax in batik-making

In the making of batik, there are two tools which are used to apply the wax to the cloth. One is a stamp – or **cap** (pronounced 'chup') – which already has a design made from metal on it.

The other tool is the wax writing tool or **canting** (pronounced 'chunn-ting'). This is made from bamboo and has a small copper or brass bowl and spout at one end for the hot wax to flow through.

canting

Which tool you use depends on what type of pattern you want on your **batik**.

The **cap** keeps the same pattern each time it is dipped into the hot wax, so it is good for a repetitive overall pattern, and is much quicker to apply to the cloth.

cap

The **canting** is far more time-consuming to use as each pattern is drawn on by hand, but it allows the designer more freedom and creativity with their pattern.

The hand-drawn work where a **canting** has been used is considered more refined (**halus**) and is also more expensive!

Which method would you prefer to try?

LANGKAH 4

BACALAH INI!

Membuat batik!

Bahan-bahan

malam	wax
kain putih	white cloth (**100%** cotton or calico is best)
celup	dye (various colours - depending upon what you like)

Alat-alat

pensil	pencil (soft grey lead)
canting	wax writing tool (or cap if you have one!)
kompor	small stove or burner (or you can substitute an electic frypan)
wajan	small wok (or even small tin cans surrounded by boiling water will work)
setrika	an iron
kertas	brown paper or old newspapers for removing wax

Cara membuatnya

1 Yang pertama
Kain putih harus dicuci dahulu, dan keringkan.

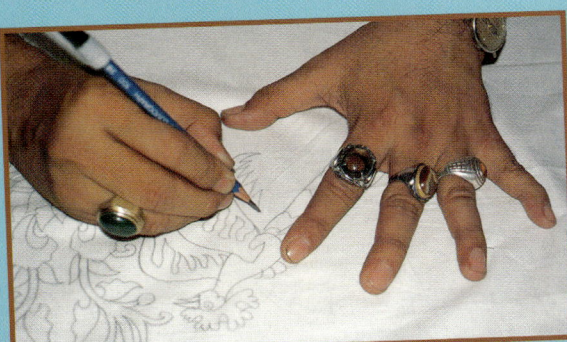

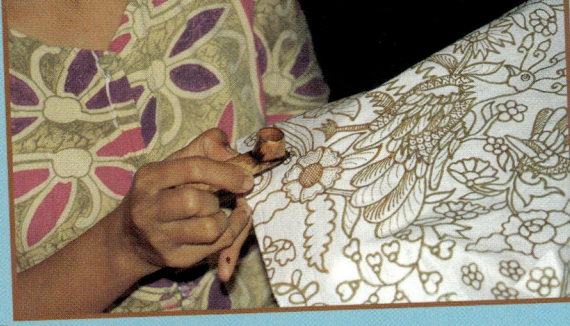

2 Yang kedua
Gambarlah pola di atas kain dengan pensil.

3 Yang ketiga
Panaskan malam di atas kompor dan tulislah dengan canting di atas bagian yang tidak akan diwarnai.

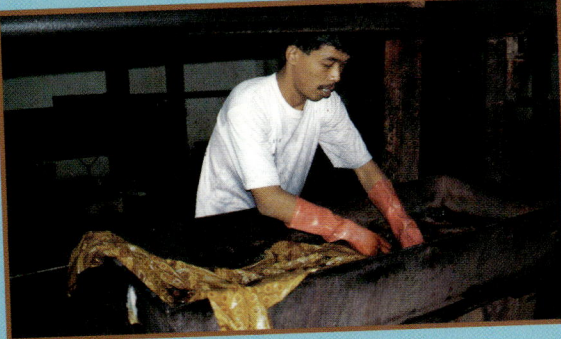

4 Yang keempat
Masukkan kain ke dalam tempat celup dan tunggu beberapa menit, supaya kain itu berubah warnanya.

5 Yang kelima
Angkatlah kain dari tempat celup dan keringkan.

LANGKAH 4

6 Lalu
Ulangi langkah 3 dan 4 sampai seluruh pola selesai!

7 Akhirnya
Lepaskan malam dengan air panas, atau disetrika dengan kertas di atasnya.

Footnotes

bagian	a section
canting	wax writing tool
celup	the dye
dahulu	previously
disetrika	to iron something
gambarlah	draw (it)
kain	cloth
keringkan	to dry something
lepaskan	to remove
langkah	*here:* step
malam	wax
pola	design, pattern
tetap	to remain
tunggu	to wait
ulangi	to repeat

HATI-HATI!

If you don't have a **canting** or **cap** you can use a thin paintbrush to draw in your hot wax design – just make sure it's not one that will ever be needed again!!

It is up to you to decide the colours of dye you would like to see on your piece of batik, but always work from the lightest colours first through to the darkest colours last. Don't forget to use wax to cover the parts you want to keep a certain colour, as all the other uncovered parts will change colour at every dying stage.

To speed up the drying process at each step, you can use a hair dryer – but be careful! If you make it too hot the wax will start to melt off!

JANGAN LUPA!

The word for wax is **malam**, but, just like in English, there are some words with two meanings. Do you know the other meaning of **malam**? Test a friend!

Here are some others to look up in the dictionary for their different meanings:

bulan   minggu   bintang

MUSIK DI INDONESIA

Music seems to be ever present whereever you go in Indonesia. If you get on a train, there are often video clips of the lastest pop music being shown on the screens in the first-class carriages. You can walk into a city shop and hear music blaring out; stroll past a restaurant or hotel foyer and the tinkling sounds of traditional music catch your attention and stimulate your imagination; walk home late one day and hear guitars being played from somewhere behind the walls. Music is a big part of Indonesian life!

Although Indonesian music varies from island to island, there are two traditional forms of Indonesian musik that are very well known. They are the **gamelan** orchestra and the **angklung**.

Traditional music:
the gamelan

The **gamelan** orchestra is a percussion orchestra which consists of a range of drums, gongs, xylophones and other percussion instruments which are hit with different sized hammers. The sounds produced are clangy and gong-like, and can sound unusual or even discordant to someone who hasn't heard them before. The singers sound haunting and operatic but the notes are quite different from Western classical or rock music.

The **gamelan** instruments are usually made from brass and are presented in beautifully carved wooden frames. To play them you sit cross-legged behind them. A basic orchestra consists of about 12 people, but larger ones of 50 or more are quite common. Both males and females play the instruments, and going to **gamelan** practice is a typical Indonesian pastime, as well as a common school subject.

A **gamelan** class in Bali.

gong

kenong

kendang

bonang

saron

rebab

LANGKAH 4

Traditional music: angklung

The music made with an **angklung** is softer than the **gamelan**, and sounds a bit like wooden wind chimes, as the **angklung** instruments are made from bamboo. Each **angklung** has two or three bamboo tubes set on a light frame and are held in the hand and shaken/rattled. The tubes of each instrument are cut so they only produce one note.

Eight angklung on a stand

The **angklung** are played in groups as you need enough people to play each different note in the song or piece of music. Sometimes a stand is used to allow one person to play a couple or more **angklung** at once.

Modern music trends

Just like traditional music in Indonesia, modern music comes in many forms. Modern pop and rock are common, but more alternative music like **dangdut**, **thrash** and **ska** are also gaining popularity, especially with urban teenagers. Indonesia's modern music industry is growing at a rapid rate, with new bands and new songs appearing daily! Bands like **Tipe-X**, **Sheila on 7**, **Gigi** and **Funky Kopral** are the types of bands which are carving the new path for the Indonesian music movement. Many reflect a grunge influence from popular American, Australian and English bands.

Ska

Ska music originated in Jamaica and is often called the root of reggae, although its beat is much faster. It became popular in England in the 1960s, and has since spread throughout many places in the world, including Indonesia. It is now very popular with teenagers in Indonesia and recently has been one of the biggest influences on music trends there, with bands like **Tipe-X** adopting the rythms and style of ska music.

Tipe-X

LANGKAH 4

Dangdut

Thrash, ska atau dangdut?

Dangdut is the sort of music you hear coming out of the **kampung,** the buses, the **warung,** the impromptu parties on the street and out of many other kinds of celebrations in Jakarta and other big cities in Indonesia. **Dangdut** is a popular modern Indonesian music which is an alternative to the house and techno music now dominant in Indonesian cities.

Dangdut music has had a lot of influences, including traditional Malay rhythms, Islamic Arab beats and **kroncong** (an Indonesian music influenced by Portuguese melodies). Most prominent though, are the funky and jerky rhythms influenced by Indian film music. The term **dangdut** was inspired by the sound of the tabla drum – a **'dang'** sound followed by a **'dut'** sound – which is the special characteristic of **dangdut** music. In the 1990s there was another transition within this style of music with new mixes such as **dangdut house, dangdut techno, dangdut disco** and **dangdut reggae** becoming popular in many clubs.

Dangdut reggae, dong!

A **dangdut** group typically includes an electric guitar, bass, percussion, bamboo flute, synthesiser and a singer. Typical song lyrics usually deal with moral issues such as family matters, being poor, getting rich, staying honest and of course, falling in and out of love!

The infectious beat and smooth movements of **dangdut** make it excellent dance music. Dancing the **dangdut** way is called **joget** and it's lots of fun. To **joget** you dance as though you are a snake being charmed out of its basket. You wiggle your hips and rotate your arms and wrists in time to the beat!

The sense of festivity that is so central to **dangdut** is only really felt when the music is played live and even better when there are thousands in the audience. The best time to go to a large concert is on a national public holiday when everyone is off work and in the mood to celebrate. So for a new dance experience, you need to get those hips swinging and do the **dangdut** thing!

Sheila on 7

Sheila on 7 is one of the most popular new bands to emerge in Indonesia today. The band originates from Yogyakarta in Central Java and are really the 'new kids on the block' in the music industry. However they have already sold 600 thousand copies of their first album and their live concerts are sold out for the whole year – an indication that they are heading to the top!

The group's members – Duta (vocals), Eross (guitar), Sakti (guitar), Adam (bass) and Anton (drums) all come from Yogyakarta and have just released three new promotional video clips: **'Kita'** ('Us'), **Dan** ('And') and **'Anugerah terindah yang pernah kumiliki'** ('The most beautiful gift I've ever had'). The clips have been a huge success and as a result the group are beginning to enjoy international attention. See the song **'Pe-de'** by **Sheila on 7** in **Langkah 8.**

LANGKAH 4

BICARA BEBAS!

1 Mengapa band itu menjadi favorit kamu?

GROUP ACTIVITY

Why do you like them? – small group activity

You want to buy a new CD for your collection, but you're not sure what the best one is. Ask 5 friends about their favourite band and why they like them to help you decide what to buy.

Use this example to help you:

▲ John, band favorit kamu yang mana?

● Band favorit saya **Silverchair**.

▲ Mengapa band itu menjadi favorit kamu?

● Saya suka band itu karena musiknya **cepat dan keras**, penyanyinya **keren** dan videoklipnya **selalu menarik!** Liriknya **juga bagus!**

USEFUL PHRASES

menggembirakan	happy
luar biasa	extraordinary
cepat	fast
keras	hard, heavy
bersemangat	lively, revved up
menyenangkan	groovy
funky	funky

	Nama teman	Band favoritnya	Alasan				
			liriknya…	musiknya…	penyanyinya… musisinya…	videoklipnya…	
1	John	Silverchair	bagus	cepat dan keras	keren	menarik	
2	Kristy	Killing Heidi	asyik	hebat	funky	menyenangkan	
3							
4							
5							

2 Lagu top ten!

PAIR ACTIVITY

Top ten songs!

MTV AMPUH

posisi	lagu	artis
1. yang pertama	'Mascara'	Killing Heidi
2. yang kedua		
3. yang ketiga		
4. yang keempat		
5. yang kelima		
6. yang keenam		
7. yang ketujuh		
8. yang kedelapan		
9. yang kesembilan	'Spinning around'	Kylie Minogue
10. yang kesepuluh	'I did it again'	Britney Spears

You and a friend are the presenters of the MTV segment **MTV Ampuh (Indonesian Top 10)** and have to come up with what you consider should be the top ten songs of the week.

Make your own top ten list in order from 1 to 10.

Take it in turns to read out your ratings for this week. Don't forget to start at number 10 first!

Sample dialogue:
Jamie: Hai! Selamat datang di MTV Ampuh!
Emma: Hai! Nama saya Emma dan inilah lagu-lagu terbaik untuk minggu ini! **Lagu yang kesepuluh** adalah 'I did it again' oleh Britney Spears!
Jamie: Oh ya! Liriknya bagus sekali! Dan siapa **yang kesembilan**?
Emma: **Lagu yang kesembilan** adalah 'Spinning around' oleh Kylie Minogue!
Jamie: Oh, Kylie Minogue cantik sekali – dan pandai menari!…
Jamie: …Dan akhirnya…**lagu yang pertama** adalah 'Mascara' oleh Killing Heidi.
Emma: Wah! Lagu ini lagu terbaik! Hebat sekali!…dan sekarang marilah kita dengarkan 'Mascara' oleh Killing Heidi.
Jamie: Keren!

LANGKAH 4

LANGKAH 5

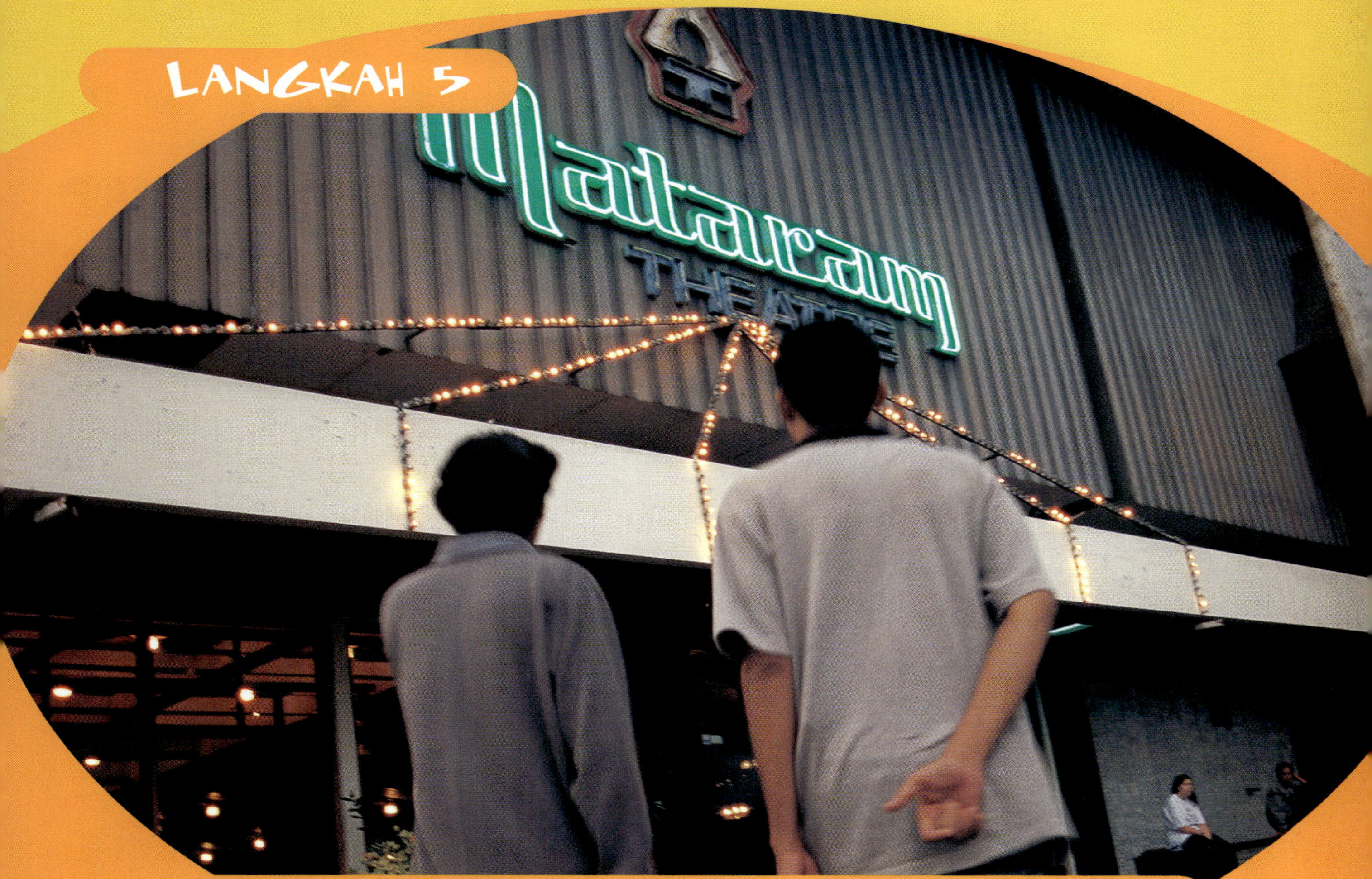

WAH! FILM ITU ASYIK!

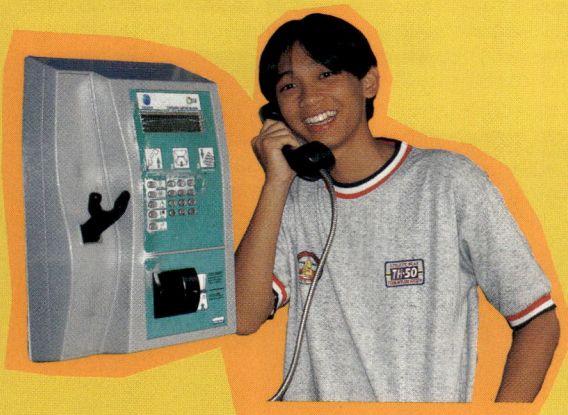

YOU'LL LEARN HOW TO:

- say what sort of film you like
- give an opinion about a film you have seen
- ask someone for their opinion about a film
- discuss the acting, story line and features of a film
- persuade someone to watch a particular film
- make an arrangement to meet someone

MAU MENONTON FILM YANG MANA?

Hendri menelepon Nurita supaya mereka bisa bertemu sore itu.

1

Halo, siapa ini?

Halo, Nurita, ini Hendri! Apa kabar?

Hai, Hendri, saya baik-baik saja, ada apa?

Saya mau menonton film nanti malam, mau ikut?

Ya, mungkin. Mau menonton film yang mana?

2

Saya kira film *The Matrix* bagus. Bagaimana pendapatmu?

Keanu Reeves.

Hmm…saya belum pasti…Siapa yang membintangi film itu?

Oh, ya. Dia aktor yang keren, tetapi film itu film fiksi ilmiah. Saya lebih suka film horor atau film romantis.

3

Oh, baiklah! Mungkin kita bisa memilih film setibanya kita di bioskop saja.

Di Bioskop Mataram, ya?

Ya, betul.

4

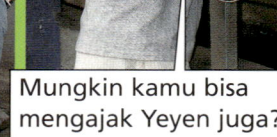

Mungkin kamu bisa mengajak Yeyen juga?

Ide bagus! Saya akan menelepon dia sekarang.

Oke, kita bertemu di tempat parkir kira-kira jam 7, ya?

Baiklah. Jangan terlambat, ya!

5 **Di tempat parkir bioskop pada jam 7.30 malam.**

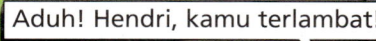

Aduh! Hendri, kamu terlambat!

Kamu selalu jam karet!

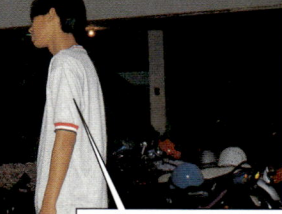

Oh, maaf, ya! Jam tangan saya ketinggalan di rumah!

6

Kamu suka Keanu Reeves, Yen?

Tentu saja! Dia terkenal sekali dan bukan main gantengnya!

Kalau kamu kira dia begitu ganteng, kamu pasti suka *The Matrix*!

7 Beberapa menit kemudian. Ipul dan Wahyu, teman Nurita, masuk ke Bioskop Mataram...

Mau menonton film yang mana, Ipul?

Tak tahu. Coba kita lihat film apa saja yang akan diputar sekarang.

Ya, baiklah.

8 He! Ipul, mau menonton film *The Matrix*? Teman saya menonton film itu kemarin. Menurut pendapat dia film itu penuh dengan aksi dan bagus sekali!

Hmm...saya lebih suka film komedi, tapi boleh juga! Saya dengar *The Matrix* juga bagus. Siapa yang membintangi film itu?

Hmm...saya lupa!

Waktu Wahyu masuk bioskop, dia senang sekali melihat Nurita dengan teman-temannya. Wahyu **9** terlalu malu untuk menyapa Nurita...

Wah! Nurita ada di sini!...tapi mungkin dia tidak ingat sama saya? Aduh, hati saya deg-degan!

Saya ingin menonton film horor ini.

Saya tidak suka film horor, saya lebih suka film aksi atau drama.

Kamu takut, ya?

Bukan itu, tapi saya tidak suka saja. Jadi kamu pemberani, ya?

10 Tiba-tiba Nurita melihat Wahyu...

Ah, Wahyu, apa kabar? Kenalkan, ini teman saya Hendri.

Asyik, dia masih ingat saya!

Hai, Hendri, nama saya Wahyu.

Hai, Wahyu! Kamu mau menonton film apa?

Saya mau menonton *The Matrix*.

Oh, ya? Saya juga, tetapi Nurita masih belum pasti!

Oooh...baiklah!

KATA-KATA BARU

FiLMS

aktingnya	the acting
aktor	an actor
ceritanya	the plot/story
diputar (putar)	to turn; *here*: to show (films) (passive)
filmnya	the film
film aksi	action movie
film drama	dramatic movie
film fiksi ilmiah	science fiction movie
film horor	horror movie
film komedi	comedy
film romantis	romantic movie
gambarnya	the picture, visuals
luar biasa	unreal/extraordinary
musiknya	the music
membintangi	to star in
spesial efek	special effects
terkenal	famous

AT THE CiNEMA

bayar	to pay for
kantin	canteen, snack shop
karcis	ticket
kentang goreng	chips
konsentrasi	to concentrate (casual)
loket	ticket box
per orang	per person
setibanya (tiba)	to arrive/when you get there

ARRANGEMENTS

jam karet	rubber time
jam tangan	wrist watch
ketinggalan (tinggal)	left behind (by accident)
setibanya (tiba)	the arrival, to arrive
terlambat (lambat)	to be late

THOUGHTS & EXPRESSIONS

ingin	a wish/desire
jangan keras-keras!	not too loud!
kira	to think/reckon
memilih (pilih)	to choose
menyapa (sapa)	to say hi to
pendapat (dapat)	opinion
pikiran (pikir)	a thought
pilih	choose
takut	scared
tidak usah	there's no need

TiDAK BEGiTU SUSAH!

① Saying how incredible something is! Bukan main...nya

Sometimes when you want to really exaggerate a feeling or opinion to a friend you can use the following expression.

> **bukan main** [adjective] + **-nya**!   how [adjective] is that!

In frame 6, Yeyen admires Keanu Reeves like this:

Dia terkenal sekali dan bukan main gantengnya!

He is really famous, and how gorgeous is he!

Yeyen also uses **bukan main** in frame 15 to talk about the film:

Bukan main bagusnya spesial efek itu!

How good were those special effects!

You can also use **bukan main** [adjective]+ **-nya** for lots of things like describing places or scenery, exaggerating someone's characteristics, teasing friends or just expressing surprise!

Bukan main tingginya!

COBALAH INI!

Refer to: p 96 The -i suffix
p 97 Finding out someone's opinion

1 Siapa yang membintangi film itu?
Who stars in that film?

Film fiksi ilmiah: *The Matrix* –
Keanu Reeves

Film horor: *Scream 3* –
Neve Campbell
dan Courtney Cox

Film romantis: *Titanic* –
Kate Winslet dan
Leonardo di Caprio

Film aksi: *End of Days* –
Arnold Schwarzenegger

Film komedi: *Austin Powers* –
Mike Myers dan Elizabeth Hurley

Film drama: *The Sixth Sense* –
Bruce Willis dan Toni Collette

asyik	fantastic
luar biasa	unreal, extraordinary
menakutkan	scary
menyenangkan	fun, enjoyable
mengasyikkan	fascinating
memuaskan	satisfying

jelek sekali	really bad
membosankan	boring
terlalu panjang	too long
kurang menarik	not very interesting
membingungkan	confusing
kurang realistis	not very realistic

A Ask a friend which film they want to see, and why.

● Kamu mau menonton film yang mana? Mengapa?

▲ Saya mau menonton **Austin Powers**, karena saya lebih suka film **komedi**.

B Ask who stars in the film.

● Siapa yang membintangi film itu?

▲ Yang membintangi film itu **Mike Myers**.
Dia sangat terkenal.

C Ask a friend for their opinion of a film.

● Bagaimana pendapatmu tentang film *Austin Powers*?

▲ Menurut pendapat saya film itu **asyik** dan **menyenangkan**!

COBALAH INI!

2 Bagaimana film itu?
What was the film like?

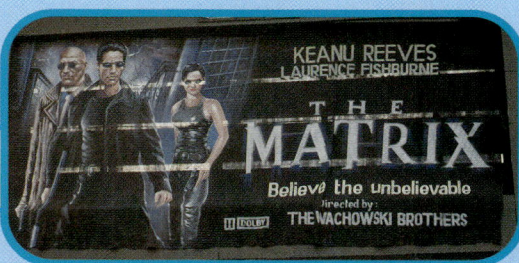

After watching the film *The Matrix* everyone had slightly different reactions.

Wahyu
Filmnya bagus, ceritanya penuh dengan aksi dan gambarnya cukup menarik…

Ipul
Waduh! Filmnya jelek! Ceritanya kurang realistis, terlalu banyak aksi dan musiknya terlalu keras! Saya lebih suka film komedi!

Yeyen
Wah! Filmnya luar biasa dan menyenangkan! Ceritanya mengasyikkan dan spesial efeknya juga bagus!

Nurita
Filmnya menarik tetapi ceritanya terlalu panjang dan membingungkan, tapi musiknya asyik!

Hendri
Filmnya asyik! Aktingnya bagus, aktor-aktornya pandai dan gambarnya juga luar biasa!

B Clarify what someone thought about a particular aspect of the film.

- ● Apa **Yeyen** kira tentang **ceritanya**?
- ▲ **Yeyen** kira **ceritanya mengasyikkan**.
- ● Apakah **Yeyen** kira **spesial efeknya bagus**?
- ▲ Ya, betul!

A Ask what someone else thinks of a film.

- ● Bagaimana pendapat **Yeyen** tentang film *The Matrix*?
- ▲ Menurut pendapat **Yeyen**, *The Matrix* luar biasa dan **menyenangkan**.

BERANI COBA?
In a group, discuss a film you have all seen. Give your own opinion and ask the others what they thought of the film!

LANGKAH 5

BICARA BEBAS!

1 Dunia film
Movie show – pair work

Refer to: p 91   Saying how incredible something is
p 97   Finding out someone's opinion
p 100 At the cinema and Adjectives

Adi Sudodo and Henny Winono are TV movie critics on the show *Dunia film* who always have different opinions about the films they discuss.

You are to review 2 of the latest films as if you are Adi or Henny. The review will be seen on prime-time TV in Indonesia. Discuss each film, mentioning its good points and bad points. Each of you should give it a score out of 10. Don't forget to comment on different aspects of the film such as in the list on the right.

aktor-aktornya	the actors
bintang filmnya	the stars/actors
aktingnya	the acting
filmnya	the film
ceritanya	the plot/story
gambarnya	the pictures/visuals
spesial efeknya	the special effects
musiknya	the music

Untuk film ini saya memberi skor...dari sepuluh!...	For this film, I'd give a score of...out of ten!

Saya suka/suka sekali film ini karena...	
...bintang filmnya pandai/bagus/mengasyikkan	the actors were clever/good/fantastic
...cukup banyak aksi/roman	it had lots of action/romance
...ceritanya menarik/tegang/luar biasa	the story was interesting/had suspense/ was unreal
Memang perlu ditonton!	A must to see!

Saya tidak begitu suka/tidak suka/benci film ini karena...	
...ceritanya tidak menarik/membosankan/membingungkan	...the story wasn't interesting/it was boring/it was confusing
...filmnya kurang realistis/kurang cukup aksi	...the film was not realistic/didn't have enough action
...terlalu panjang/banyak roman/banyak aksi/menakutkan	...it was too long/had too much romance/had too much action/too scary
Jangan membuang-buang uangmu!	Don't waste your money!

Refer to: p 92   Cobalah ini! 1
         p 96   To want
         p 97   Finding out someone's opinion

BICARA BEBAS!

2 Kita mau menonton video yang mana?
Which video do we want to see? – group work

GROUP ACTIVITY

You and your group are going to hire a video to watch on the weekend. Using a film guide, website or your own knowledge, discuss with your friends which video you will hire. You all have to agree and decide on:

- what sort of film and which video in particular
- when you want to watch it
- at whose house you will watch it

Try to persuade your friends to watch the video you want to watch, when you want to and where you want to! When your group has made its decision, one person can then report back to the whole class, explaining what the final arrangements are.

> Bagaimana kalau kita menonton film *Scream 3*?

> Tidak! Saya benci film horor! Saya lebih suka film komedi.

> Ya, saya setuju – bukan main gantengnya aktor itu!

> Mau menonton video di rumah saya pada hari Jumat, jam tujuh malam?

> Ya, mungkin…teman saya sudah menonton *Scream 3* dan…

> Saya punya video *Scream 3*, mau ikut menonton?

> Saya dengar film *Scream 3* bagus!

USEFUL PHRASES

Kamu mau menonton video yang mana?
Saya tidak bisa ikut pada hari…karena saya harus…
Menurut pendapat saya lebih baik kalau kita…
Wah! Bukan main (gantengnya/cantiknya/lucunya) aktor itu!
Percayalah! Film ini bagus/jelek sekali!
Saya benci film romantis/aksi!

BERANI COBA?

If your group didn't decide to watch what you wanted you could now negotiate with another group to join them.

LANGKAH 5

TIDAK BEGITU SUSAH!

2 To want: mau and ingin

You already know that **mau** and **ingin** both mean to want something, but it's good to remember the subtle difference between them.

mau	used when you want something (and it's very likely that you'll get it)
ingin	used when you wish for something (but you're not sure if you can have it)

Compare these sentences from the photo-story:

Hendri: **Saya mau menonton film nanti malam, mau ikut?**

Hendri: **Saya ingin membintangi film seperti ini.**

Can you see the difference? In the first sentence, Hendri is pretty sure he is going to the movies, whereas in the second sentence he wishes he could star in a great movie like *The Matrix*, but it might not happen!

3 The -i suffix: me- + base word + -i

You already know that in Indonesian you can often add a prefix or a suffix to a base word to change its meaning slightly. You can add **me-i** to some base adjectives, verbs and nouns in Indonesian to make new verbs.

base word		me-i verbs	
bintang	a star (noun)	**membintangi**	to star in…
punya	to have (verb)	**mempunyai**	to have something
dekat	near (adjective)	**mendekati**	to approach something

These **me-i** verbs can't stand alone, they need an object to follow them. You can think of them doing the action 'in, on or to' the object that immediately follows them in the sentence. This type of verb is called *transitive*, i.e., they affect something else or they *transfer* onto something else).

Here are some examples:

Tuti tidak bisa melengkapi ceritanya.
Tuti could not finish her story.
Saya menyukai film itu.
I like that film.
Dia sangat menghargai aktor itu.
She really respected that aktor.

Nurita ingin membintangi film *Titanic*.

It's also interesting to know that in a *few* cases the **-i** suffix can make something repeat. For example:

Pelayan bioskop melayani para penonton.
The cinema employee was (continually) serving the cinema's audience.
Pekerjaan dia menjuali karcis.
His job is selling the tickets. (He does it over and over).

HATI-HATI!

LANGKAH 5

❹ Finding out someone's opinion: **Bagaimana pendapatmu?**

Learning how to give an opinion is an important part of communication. These phrases will help you lead in to your ideas without seeming to be too forward and over-confident.

Bagaimana pendapatmu?	What's your opinion?
Menurut pendapat saya…	In my opinion…

You can use these expressions when negotiating as Hendri does in frame 2:

Saya kira film _The Matrix_ bagus. Bagaimana pendapatmu?

I think the film _The Matrix_ is good. What's your opinion?

To be more persuasive, you can quote someone else's opinion, as Wahyu does in frame 9:

…menurut pendapat dia film itu penuh dengan aksi dan bagus sekali!

…in his opinion the film is full of action and really good!

> Saya kira film _The Matrix_ bagus. Bagaimana pendapatmu?

❺ The **ter-**prefix

You already know that **di-**verbs can be used in passive sentences, often without an actor. The **ter-**prefix can be used in a similar way, to indicate that an action has already happened or has been accomplished.

Using **ter-** in this way is a bit like saying **sudah di-**. The difference is:

di-	focuses on the **action**
ter-	indicates that the action has been fully **completed**

Some common examples are:

terkenal	well known/famous	**tertutup**	(is) shut
tersebut	was mentioned	**terjadi**	has happened

base verb		me-verb		di-verb		ter-word	
tulis	write	**menulis**	to write	**ditulis**	written (by)	**tertulis**	is written
buka	open	**membuka**	to open	**dibuka**	opened (by)	**terbuka**	is open
buat	make/do	**membuat**	to make	**dibuat**	made (by)	**terbuat**	is made from

Jangan lupa! There are other uses for the **ter-**prefix which you have already come across.

ter- = the most			
terbaik	the best	**tertinggi**	the tallest
tercinta	the most loved	**terbagus**	the greatest

ter- = accidental or by surprise			
terjatuh	to fall accidentally	**tertidur**	to accidentally fall asleep
terbangun	to wake up by surprise	**terlambat**	to be accidentally late

LANGKAH 5

INDONESIA ASYIK!

JIFFest: Jakarta International Film Festival

The Indonesian film industry is currently undergoing a major revival, based in the cosmopolitan capital city of Jakarta. Now Jakarta hosts its own International film festival. The annual festival, which was first held in November 1999, is a showcase opportunity for internationally acclaimed independent and amateur films, as well as regionally produced and directed ones. You can access more information about the festival from www.jiffest.com.

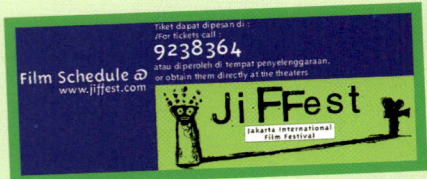

Films included in the festival come from many different countries. The program contains a mixture of new, alternative and original pieces, as well as featuring classics such as *Langitku Rumahku*.

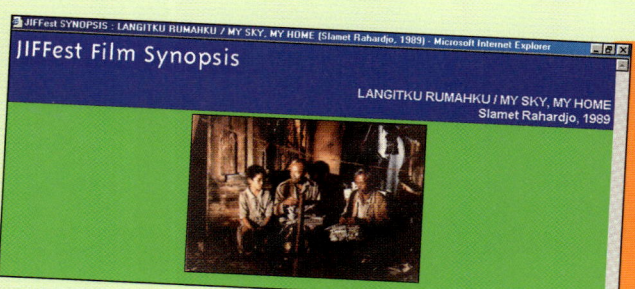

LANGITKU RUMAHKU *MY SKY, MY HOME* is the winner of many Indonesian awards, and is perhaps director Slamet Rahardjo's best film so far. It is a drama based on the friendship between a boy who sells recycled paper on the streets and the son of a wealthy family, each envying the other's life!

New films released recently in Indonesia include: *Daun di atas bantal, Telegram, Sri* and *Kuldesak.*

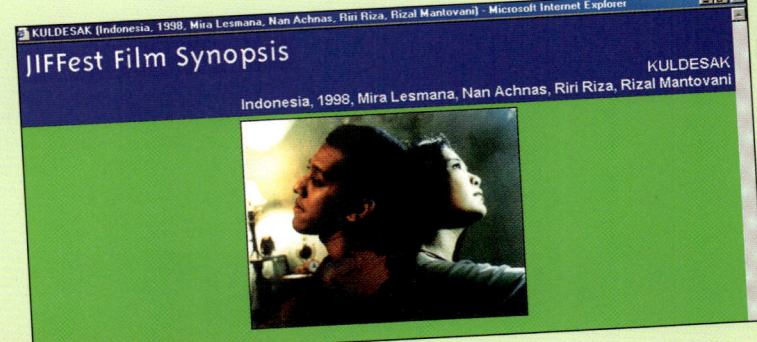

KULDESAK *CUL DE SAC* is a film based on the lives and problems of 4 young people living in urban Jakarta, struggling to achieve their dreams, forced by circumstance to make hard choices in a world of changing values. It is a mix of comedy, drama and action. A film, three years in the making and released just after Suharto's resignation, by 4 of Indonesia's up-and-coming young directors.

JANGAN LUPA!

Menonton is a word specifically used for *watching* entertainment so you can **menonton film, menonton video, menonton televisi, menonton tarian** (a traditional dance) or **menonton pertandingan olahraga** (a sports match)! You don't use the word **melihat!**

LANGKAH 5

2   Television in Indonesia

Currently in Indonesia there is one national television station called **TVRI (Televisi Republik Indonesia)** and about five commercial television stations. **TVRI** was previously under strict governmental control but has recently become a more independent body, similar to the ABC in Australia.

The most popular television programs are soap operas, with every commercial station having at least one leading series competing for national audiences. The stories show typical Indonesian families dealing with the ups and downs of life. Topics like love, jealousy, broken hearts, family problems, and other relevant social issues like unemployment and drug use regularly crop up in the story lines.

3   Censorship in Indonesia

As you are probably aware, different countries have different issues that they feel need to be censored or avoided in film and television, particularly at prime viewing time. Do you know what sort of censorship rules are in place in Australia?

The amount of violence shown on Indonesian TV is a lot higher than in Australia. There are no restrictions on the amount of violence shown at prime-time, unlike in Australia, where strict controls on violence shown operate until 9.30 pm. By contrast, there are many more restrictions on love and sex scenes on Indonesian TV than on Australian TV. The sort of love scenes that are regularly shown in Western movies are simply cut out on Indonesian TV.

However, in the film industry it is starting to become more fashionable for movies to use as many love and sex scenes as in Western movies.

LANGKAH 5

KATA-KATA BARU

LANGKAH 5

ADJECTIVES

banyak aksi	action-packed
jelek	horrible, ugly
kurang menarik	uninteresting
kurang realitis	unrealistic
luar biasa	unreal, extraordinary
membosankan (bosan)	boring
menarik (tarik)	interesting
menyenangkan (senang)	enjoyable, fun
membingungkan (bingung)	confusing
menakutkan (takut)	frightening
tegang	suspense
terlalu panjang	too long

THOUGHTS

ingin	to wish for, to desire
jangan keras-keras!	don't speak too loudly!
kira	to think, to reckon
memilih (pilih)	to choose (from pilih)
pendapat (dapat)	opinion
pikiran (pikir)	thought
pilih	to choose
tidak usah	there's no need

AT THE CINEMA

ceritanya	the plot/story
bayar	to pay for
bioskop	cinema
diputar (putar)	to show (films only. *lit*: to be turned)
film	film, movie
film aksi	action film
film drama	drama
film fiksi ilmiah	science fiction
film horor	horror movie
film komedi	comedy
film romantis	romantic movie
gambarnya	the pictures/visuals
kantin	canteen, candy bar, snack shop
karcis	ticket
konsentrasi	concentrate
loket	ticket box
menonton (tonton)	to watch (a film, TV etc.)
membintangi	to star in
musiknya	the music
per orang	per person
spesial efeknya	the special effects
aktingnya	the acting
aktor-aktornya	the actors

ARRANGEMENTS

ketinggalan (tinggal)	left behind (by accident)
setibanya (tiba)	on arrival, *here*: as soon as we get to
terlambat (lambat)	to be late
jam karet	rubber time
jam tangan	wrist watch

PEDULI LINGKUNGAN

YOU'LL LEARN HOW TO:

◆ **express your opinion on an issue**

◆ **express your emotional reactions**

◆ **argue or oppose an idea**

◆ **suggest a course of action to take**

◆ **research an issue on the Internet**

◆ **find out about environmental issues in Indonesia**

◆ **talk about threatened animals facing extinction**

◆ **read a letter to a magazine from an Indonesian teenager using teenage slang**

◆ **talk about cause and effect in environmental issues**

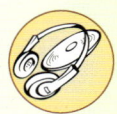

MARI PAKAI INTERNET!

1 Nurita, Yeyen, Hendri dan Hadi masuk ke warnet.

Mudah-mudahan tidak sibuk, ya? Saya mau cek e-mail saya.

Ya! Ide bagus! Dan kita bisa mencari informasi untuk tugas kita tentang lingkungan.

Waduh! Saya hampir lupa! Kapan tugas itu harus dikumpulkan?

Hari Senin depan!

Kalau kita mau mencari informasi tentang orang hutan harus ke situs apa?

Tulislah 'yahoo-dot--com-dot-id', dan tekan 'enter'.

Sekarang coba tulislah 'Taman Nasional'.

2 …dan sekarang kita klik 'Pulau Kalimantan'.

3 Oh, kamu salah! Ini Sumatra, bukan Kalimantan.

Oh, maaf.

Klik 'kembali' ke Kalimantan, lalu pililah situs 'Taman Nasional Tanjung Puting'.

Baiklah…sekarang saya klik 'Binatang-binatang yang dilindungi'!

Nah, sekarang kita harus mencari informasi tentang 'orang hutan'.

4 He, ini mudah sekali!

5 Lihatlah ini! Ada monyet, harimau dan orang hutan! Bagus sekali!

Ya! Nah, sekarang klik 'orang hutan'.

6 He, Nurita! Foto ini seperti kamu!

Kasihan, Hendri, dia lebih ganteng daripada kamu!

Ya, saya setuju. Ha-ha-ha. Wah – lucu sekali!!

7 Waduh! Lihatlah yang tertulis di sini! Jumlah orang hutan di seluruh dunia kurang dari 30.000, dan hampir semuanya tinggal di Indonesia.

Wah, keadaan ini parah sekali! Bagaimana pendapatmu, Hen?

Menurut pendapat saya jumlah orang hutan ini sedikit sekali! Kasihan sekali, ya!

8 Banyak hutan yang terbakar dan akibatnya orang hutan kehilangan tempat tinggal. Dan akhirnya mereka kelaparan dan mati.

Astaga! Apa yang akan terjadi dengan masa depan orang hutan ini?

Mungkin kita bisa membantu! Kalian setuju atau tidak?

9 Ya, saya setuju, tetapi bagaimana caranya?

Mungkin kita bisa mengirimkan donasi kepada organisasi yang khusus menjaga orang hutan.

Organisasi yang mana?

10

Membership Information Request

Bagaimana dengan yang ini 'EIA'? Saya kira organisasi ini bagus.

Baiklah! Saya tulis nama kamu, Hen! Nama: H-E-N-D-R-I.

11 He, mengapa pakai nama saya?

Karena kamu yang paling kaya!

Betul.

12 Ini uang saya, Yen!

Ayo, Hendri, mana uangmu? Kamu peduli atau tidak?

Tentu saja saya peduli! Berapa?...cukup?

LANGKAH 6

He! Lihat ini! Ada gambar orang hutan di uang saya!

14

...hampir Rp50.000. Bagus sekali! Sekarang kita harus mengirimkan uang ini kepada organisasi itu.

Ya, dan jangan lupa kita harus menyelesaikan tugas tentang lingkungan itu.

Sialan! Saya hampir lupa tentang itu.

15 Hmm,...satu jam, jadi Rp25.000.

Hendri, kamu ada lima ribu lagi? Saya kehabisan uang!

PELAYANAN INTERNET

Rp 500,- PER MENIT

Rp 25 000,- PER JAM

TUR, TRAVEL, INFO SILAHKAN MASUK

16 Waduh! Peduli lingkungan mahal sekali!

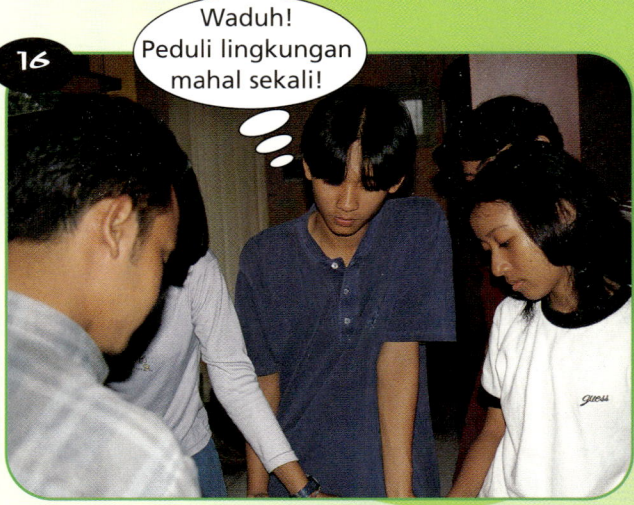

17 Aduh!

LANGKAH 6

KATA-KATA BARU

VERBS

dikumpulkan (kumpul)	to be collected (passive)
dilindungi (lindung)	to be protected (passive)
diselesaikan (selesai)	to be finished (passive)
kehabisan (habis)	to accidentally run out of something
kelaparan (lapar)	to be starving
kehilangan (hilang)	to lose (accidentally)
mengirimkan (kirim)	to send
menjaga (jaga)	to guard, look after
menyelesaikan (selesai)	to finish something
terbakar (bakar)	to burn down (by accident)

INTERNET CHAT

These words are great to know and use when you're surfing the Net:

carilah	search for…
coba yang ini	try this/that one
hapus	delete
kembali	go back, return
klik	click on
pilihlah	choose
situs	site
tekan 'enter'	press 'enter'
warnet	Internet cafe (short for **warung internet**)
tulislah	type in, write…

PLACES

di seluruh dunia	in the whole world
keadaan	the situation
lingkungan	the environment
masa depan	the future
taman nasional	national park

OTHER WORDS

jumlah	the sum total
khusus	special
kurang dari	less than
menurut	according to
paling kaya	the richest
peduli	to care
pendapat	opinion
punah	extinct
tentang	about, concerning
terjadi	happened
tertulis	to be written
tugas	assignment, task
terancam punah	endangered (almost extinct)

EXPRESS YOURSELF!

apa yang akan terjadi?	what will happen?
astaga!	oh my God!
bagaimana caranya?	how will we do it?
ini parah!	this is horrible!
kasihan sekali!	it's a big shame!, it's a real pity!
menurut pendapat saya	in my opinion
sialan!	damn!

TIDAK BEGITU SUSAH!

1 What's going to happen? Apa yang akan terjadi?

When you want to talk about what will happen use the word **terjadi**. To ask 'what will happen next?', use the phrase **Apa yang akan terjadi?**

2 Do you care? Kamu peduli?

The word **peduli** means to care about what happens.

Kamu peduli?	Do you care?
Tentu saja saya peduli!	Of course I care!
Saya tidak peduli!	I don't care!

LANGKAH 6

COBALAH INI!

1 Kamu setuju atau tidak?

Do you agree or not?

Take some time to read these opinions and see if you agree with them!

'Hutan di Indonesia harus tetap dijaga!'

'Forests in Indonesia must be protected!'

1 Imam

Tentu saja saya setuju karena hutan kita berharga sekali dan menghasilkan oksigen.

3 Hendri

Saya setuju – karena terlalu banyak hutan yang terbakar.

2 Nurita

Saya tidak setuju – karena manusia perlu tempat tinggal. Penduduk Indonesia banyak sekali.

5 Yeyen

Menurut pendapat saya binatang-binatang juga perlu tempat tinggal seperti kita.

4 Hadi

Saya tidak begitu setuju karena kita memerlukan kayu untuk membuat mebel.

A Ask what someone's opinion is about something.

● Bagaimana pendapat **Imam** tentang hutan di Indonesia?

▲ Menurut pendapat **Imam…hutan kita berharga sekali dan menghasilkan oksigen.**

B Ask if someone agrees with another opinion.

● Apakah kamu setuju dengan pendapat **Imam?**

▲ Ya, saya setuju dengan dia. Masalah ini penting sekali!

atau

▲ Tidak, saya tidak setuju dengan dia. Masalah ini tidak begitu penting.

KATA-KATA BARU

manusia	people/humanity
mebel	furniture
memerlukan (perlu)	to need
menghasilkan (hasil)	to produce
penduduk (duduk)	population
berharga sekali	very valuable
terbakar (bakar)	to burn down (accidentally)

BERANI COBA?

Now ask a partner what their own opinion is.

▲ Bagaimana pendapatmu tentang **hutan di Indonesia?**

● Menurut pendapat saya **binatang-binatang juga perlu tempat tinggal seperti kita.**

LANGKAH 6

COBALAH INI!

2 Saya peduli lingkungan!
I care about the environment!

Environmental problems

1 Binatang yang terancam punah

2 Banyak hutan yang terbakar

3 Polusi tanah

4 Polusi sungai

5 Polusi udara

6 Hutan penghujan yang ditebang

A Suggest to a friend how they can help the environment.

● Saya peduli tentang **binatang yang terancam punah**, tetapi bagaimana saya bisa membantu?

▲ Mungkin kamu bisa **menulis surat ke kantor pemerintah**.

B Find out what a friend is doing to help the environment.

● Kamu sedang apa?

▲ Saya sedang **menulis surat ke kantor pemerintah**.

● Mengapa?

▲ Karena saya peduli tentang **binatang yang terancam punah**!

● Ya, keadaan itu parah sekali!

Suggestions to help the environment

Mungkin kamu bisa…

1 menulis surat ke kantor pemerintah

2 mengirimkan donasi kepada organisasi yang menjaga lingkungan

3 menulis artikel untuk buletin sekolah

4 mencari informasi dari Internet

5 membuat poster tentang mendaur-ulang plastik dan kertas

6 menanam pohon lagi

LANGKAH 6

COBALAH INI!

3 Mengapa bisa begitu?
How has that happened?

Sebab (Causes)

Banyak hutan penghujan yang ditebang

Banyak hutan yang terbakar

Banyak sampah dibuang sembarangan

Banyak perusahaan membangun pabrik

Akibat (Effects)

Banyak harimau Sumatra terancam punah

Banyak orang hutan yang kelaparan

Polusi udara meningkat

Polusi air meningkat

A Express dismay about an environmental problem.

- Astaga! **Banyak hutan penghujan ditebang.**
- ▲ Wah! Keadaan ini parah sekali!

B Ask what has caused a particular environmental issue to arise.

- Lihatlah yang tertulis di sini! **Banyak orang hutan yang kelaparan.**
- ▲ Wah! Mengapa bisa begitu?
- Sebabnya adalah **banyak hutan yang terbakar.**

C Explain how actions affect the environment.

- Sudah tahu bahwa banyak **hutan penghujan ditebang**?
- ▲ Ya, akibatnya **banyak orang hutan yang kelaparan.**

D Ask what will happen if things continue.

- Kalau **banyak hutan penghujan ditebang**, apa yang akan terjadi?
- ▲ Banyak orang hutan yang kelaparan.
atau
- ▲ Banyak harimau Sumatra yang terancam punah.

LANGKAH 6

BiCARA BeBAS!

Refer to: pp 110–111, 114
Masalah lingkungan

CLASS ACTIVITY

Haruskah kita menebang hutan?

Should we harvest trees? Debate – small group (6) or class work

In a small group complete the list below which will help you find arguments for your debate. Have three people each choose one main point to use in the debate – they only have to speak for a short time.

Tidak setuju (against):
You are employees of a nature reserve park.

Setuju (for):
You are employees of a new company setting up a factory in Kalimantan.

Setuju

- Manusia memerlukan pekerjaan
- Tidak harus seluruh hutan ditebang
- Pabrik ini penting untuk ekonomi di masa depan
- Perusahaan ini akan menanam pohon lagi
- Daerah ini tidak begitu indah
- Hutan di sini harus ditebang supaya kayu bisa digunakan

Tidak setuju

- Binatang liar tinggal di hutan – mereka akan mati
- Hutan menghasilkan oksigen untuk manusia dan binatang
- Banyak polusi yang dikeluarkan dari pabrik
- Binatang liar akan kehilangan makanan
- Tempat ini indah dan bagus untuk tempat beristirahat

KATA-KATA BARU

beristirahat (istirahat)	to have a rest
haruskah? (harus)	should we? must we?
kehilangan (hilang)	to suffer a loss
manusia	humanity
pekerjaan (kerja)	job, occupation
pabriknya (pabrik)	the factory

Setuju		Tidak setuju	
Siswa 1		Siswa 1	
Siswa 2		Siswa 2	
Siswa 3		Siswa 3	

LANGKAH 6

TER

MASALAH LINGKUNGAN

1 Menjaga orang hutan

Protecting the orang-utan

Orang-utan (in Indonesian **orang hutan**, 'people of the jungle') are only found on the islands of Sumatra and Borneo (which include the regions of Kalimantan, Sarawak, Sabah and Brunei). They are one of the largest primates in the world, second only to the gorilla in size. Orang-utan live mostly in the canopy of dense rainforest, swinging from tree-to-tree, eating fruits and plants. They are quite shy creatures.

Out of the approximate 27,000–30,000 orang-utan which are left in the wild today, an estimated 15,000 orang-utan live in Kalimantan and about 7,000 in Sumatra. The remaining orang-utan live in Sarawak and Sabah (areas at the top of Borneo which are part of Malaysia).

The total number of orang-utan are drastically decreasing every year, as either the habitat areas they live in are cut down or destroyed (Indonesia continues to lose around one million hectares of forest a year!), they are hunted as game animals for their meat, or sold in the international blackmarket pet trade.

Scientists have warned that 'orang-utan in the wild could disappear in 10 years' (AFP 22 March 2000) and, although laws exist in Indonesia to protect the orang-utan itself, the destruction of the jungle where they live means their numbers are dropping rapidly. According to The Orang-utan Foundation International:

The most obvious threat now facing orang-utan populations is the loss of habitat…In Kalimantan and Sumatra human encroachment…combined with a major logging industry has…the greatest impact.

On the positive side, there are two major rehabilitation centres for orang-utan in Indonesia. One is in the Bukit Lawang Reserve in northern Sumatra near Medan while the other, known as Camp Leakey, is in the Tanjung Puting National Park, Kalimantan, near the city of Balikpapan. These rehabilitation centres are vital for the survival of the orang-utan!

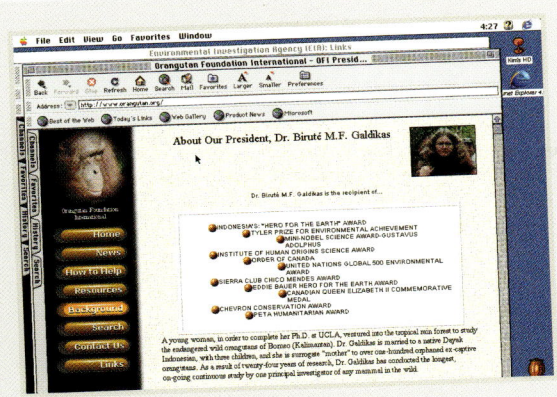

Camp Leakey is known around the world for its work. A Canadian scientist, Dr Biruté Galdikas, established the research centre. Dr Galdikas was one of three female researchers recruited by Louis Leakey to study the great apes and their close parallels with humans. While Diane Fossey went to Rwanda to study gorillas and Jane Goodall travelled to Tanzania to research chimpanzees, Dr Galdikas chose to go to Tanjung Puting to study the mysterious orang-utan – Asia's only great ape.

Today Tanjung Puting has about 2,000 orang-utans and has the longest running scientific study by one person of any mammal in the wild. Dr Galdikas has received many environmental awards for her work. She lives in Kalimantan with her husband, who is a native Dayak Indonesian, and three children, and is extremely devoted to the maintenance of the magnificent rainforest and its ecosystem.

As Dr Galdikas has said:

If forests such as this can be preserved, then the orang-utan species has a future as a species in the wild. If forests such as this are cut down or converted into other uses then the orang-utan species as a species has no hope.

Orang-utan are not the only engandered ones! There is a growing awareness and concern both within Indonesia, and in the rest of the world, about endangered animals. Many animals in Indonesia face extinction if steps are not urgently taken to protect them.

Species that are endangered include the Sumatran tiger, the Asian elephant, the silvery gibbon, the Sumatran rhino, the one-horned Javan rhino, the Komodo dragon, the giant sea turtle, the **kancil** (or mouse deer), the sun bear, and the **tapir**, as well as a range of exotic tropical birds such as the Borean peacock, the paradise kingfisher, the hornbill, the Bali starling and the bird of paradise.

Check out these sites for more information about endangered species:

http://www.orangutan.com
http://www.orangutan.org
http://www.cnn.com/nature
http://www.nationalgeographic.com
http://www.panda.org
http://www.wwf.org.au

LANGKAH 6

BACALAH iNi!

Do this quiz, then test a friend.

1 KuiS: Apakah kamu peduli tentang lingkungan?

Bacalah pertanyaan berikut dan jawablah dengan jujur!

1 Kalau kamu di hutan, apakah kamu...?
  a memetik bunga-bunga
  b menikmati udara segar
  c berpura-pura menjadi Tarzan

2 Kalau kamu berjalan-jalan di hutan dan melihat burung-burung yang cantik, apakah kamu...?
  a mengambil banyak foto
  b menembak burung-burung itu
  c memberi burung-burung itu kentang goreng

3 Kalau kamu pergi ke sungai dengan teman, apakah kamu...?
  a membuang sampah di sungai
  b berolahraga arus deras
  c berenang dengan teman

4 Menurut pendapat kamu, olahraga mana yang bersahabat dengan lingkungan...?
  a golf
  b berjalan-jalan di hutan
  c rally mobil

5 Kamu harus pergi ke rumah teman, kamu pergi...?
  a berjalan kaki
  b naik bis
  c naik mobil

6 Organisasi yang mana menurut pendapatmu sangat penting?
  a Klub menembak
  b WWF (World Wide Fund for Nature)
  c Klub tenis

7 Kalau kamu di kota, apakah kamu...?
  a suka sekali suara berisik dan bau jalanan
  b tidak suka karena terlalu banyak polusi udara
  c menghabiskan uang untuk berbelanja

8 Kalau kamu haus dan ingin minum, apakah kamu...?
  a minum air putih dari botol yang kamu bawa
  b kamu membeli minuman di warung dan mendaur-ulang botol itu
  c kamu membeli minuman di warung dan membuang botolnya di jalan

9 Kamu mengadakan pesta di rumahmu, apakah kamu...?
  a membeli piring kertas dan mendaur-ulang piring itu
  b membeli piring plastik dan membuang piring itu
  c menggunakan piring sendiri dan dicuci sesudahnya

10 Kalau kamu di pantai, apakah kamu...?
  a bersepeda motor di sepanjang pantai
  b membuat api unggun untuk pesta
  c mengambil sampah yang kamu lihat

1	2	3	4	5	6	7	8	9	10
a = 0	a = 5	a = 0	a = 2	a = 5	a = 0	a = 0	a = 5	a = 0	a = 0
b = 5	b = 2	b = 2	b = 5	b = 0	b = 5	b = 2	b = 0	b = 5	b = 2
c = 2	c = 0	c = 5	c = 0	c = 2	c = 2	c = 5	c = 2	c = 2	c = 5

Jawaban

35-50	26–34	16–25	0–15
Kamu adalah pencinta alam dan kamu peduli sekali tentang lingkungan.	Kamu peduli lingkungan, tetapi kamu masih harus menjaga lingkungan kamu!	Kamu lebih suka di kota. Mungkin kamu akan kehilangan kontak dengan alam.	Kita harus menjaga lingkungan dari kamu!!

Footnotes

berpura-pura	to pretend	bersahabat dengan lingkungan	environmentally friendly
kontak	contact	api unggun	bonfire
menembak	to shoot	mengambil	to take
suara berisik	hustle and bustle (city sounds)		

LANGKAH 6

BACALAH INI!

2 Peduli lingkungan!
Care for the environment!

This is a letter sent to **KaWanku**, a popular teenage magazine, by an Indonesian teenager, Delia, who was concerned about the environment. Read her letter and **KaWanku**'s reply, taking note of the slang Delia uses.

JAGALAH KEBERSIHAN
BUANGLAH BUNGKUS KOSONG INI PADA TEMPATNYA

Kepada *sohib* yang baik dan funky,

Di rumah saya, kita sekeluarga minum air mineral. Bukan dari dispenser, tapi dari gelas plastik. Ibu belinya satu dus. Yang jadi masalah sekarang adalah, sesudah airnya diminum, kemasannya dibuang ke mana? Padahal kemasannya terbuat dari plastik.

Sedangkan plastik itu kurang bersahabat dengan alam. Jadi saya (dan keluarga) ikut andil merusak alam, *dong*? Aduh, *gimana nih?* Tolong saya *dong!*

Segini saja dulu. Seneng punya *temen* seperti kamu.

Delia
Jakarta

Delia yang baik,

Memang kalau kita selalu membuang kemasan plastik air mineral, berarti kita ikut mencemari lingkungan. Salah satu jalan keluarnya adalah dengan membeli air mineral dalam dispenser. Apabila kita menggunakan gelas sendiri, gelas itu bisa dicuci. Seluruh gelas plastik itu bisa kita manfaatkan untuk keperluan lain. Bisa juga gelas-gelas itu dikembalikan ke pabriknya supaya bisa didaur-ulang.

Delia, tetap jaga kepedulian seperti ini, ya. Seneng juga punya teman seperti kamu.

Salam kompak,

KaWanku

SLANG

The phrases in purple are *slang*. They are handy to know and quite popular, but be careful how you use them!

sohib
  best friend

dong (*slang*)
  a word that softens what you say

gimana nih? (*slang for* **bagaimana ini?**)
  what about this?

segini saja dulu
  that's it for now

seneng (*slang for* **senang**)
  happy

temen (*slang for* **teman**)
  friend

Footnotes

kita sekeluarga	me and my family
dus	a carton
yang jadi masalah sekarang adalah…	the problem now is
kemasan(nya)	(the) packaging
dibuang (buang)	to be thown away (passive)
padahal	the point is; in fact…
sedangkan	at the same time…
bersahabat	to be friendly to/with
alam	nature
ikut andil	to be involved in
merusak	ruining
memang	truly
membuang (buang)	to throw away
berarti	which means
mencemari	to pollute
salah satu jalan keluarnya	one of the ways out of this
apabila	whenever
manfaatkan	to use
keperluan	needs
dikembalikan (kembali)	to be returned (passive)
didaur-ulang	to be recycled (passive)
kepedulian	care
tetap jaga kepedulian	keep on caring
salam kompak	lots of love (*lit:* in close friendship)

LANGKAH 6

MASALAH LINGKUNGAN

2 Penduduk padat
Population density

One of Indonesia's main problems is its huge population, which is now over 209 million. This is more than 10 times that of Australia in a land mass not even one third the size. Over 60% of Indonesians live on the island of Java, with about 600 people per square kilometer! Land for housing and agriculture is therefore extremely scarce, sometimes forcing 2 or more families to share two small rooms.

The Indonesian government has long recognised this problem and has introduced schemes to help overcome population pressure. Two schemes are **transmigasi** (transmigration) and **dua anak cukup** (two children are enough).

Transmigrasi involves moving families to less populated areas, such as the outer islands. However, often the transmigrants are not skilled in the type of farming practised in their new location, have few facilities, and are not accepted socially by local people. Transmigrants often return to their original home.

Dua anak cukup is a family planning program to reduce birth rates through education and contraception. However, Indonesia does not have any unemployment benefits or welfare system, so many people have a big family as an insurance against sickness and misfortune. The members of a big family can support each other and share the workload in difficult times.

The population pressure in Indonesia also threatens the natural environment, as living-space and resources are required to house and feed its ever-increasing population.

TIDAK BEGITU SUSAH!

3 Saying what you think! Saya kira bahwa...

You can express your opinions and thoughts by using the following phrases:

Saya percaya bahwa...	I believe that...
Saya pikir bahwa...	I think that...
Saya kira bahwa...	I reckon that...
Saya tahu bahwa...	I know that...

You'll notice the word **bahwa** is used in these expressions to mean 'that'. You'll see it used mostly when people are reporting official information of some kind. Although you don't have *to* use **bahwa**, it gives emphasis to what you are saying.

For example:
   Saya pikir bahwa orang hutan akan kelaparan!
   I think that the orang-utan will starve!

Hati-hati! Be careful not to confuse **bahwa** with **itu** or **yang** which can mean 'that' in different contexts!
   Mobil itu merah.
   That car is red.
   Gadis yang di bis tadi pagi adik saya.
   The girl that was on the bus this morning is my sister.

TIDAK BEGITU SUSAH!

④ Accidental ke-an!

One function of adding **ke-an** to a word in Indonesian is to imply that the base word has accidentally happened to someone or something. In these cases it usually shows that a **misfortune** took place.

kedinginan

base verb		ke-an word	
banjir	a flood	ke + banjir + an	to be flooded
haus	thirst	ke + haus + an	to become really thirsty
lapar	hungry	ke + lapar + an	to be starving
hilang	lose	ke + hilang + an	to lose (by accident)

You'll notice them in the photo-story where the future of the orang-utan is being discussed. Hendri explains:

…akibatnya orang hutan kehilangan tempat tinggal. Dan akhirnya mereka kelaparan dan mati.

…the consequence is that orang-utan lose their habitat. Eventually they starve to death.

kehausan

Other common examples are:

ketinggalan	to get left behind
kedinginan	to be freezing cold
kepanasan	to get too hot
kehabisan	to accidentally run out of something

ketinggalan

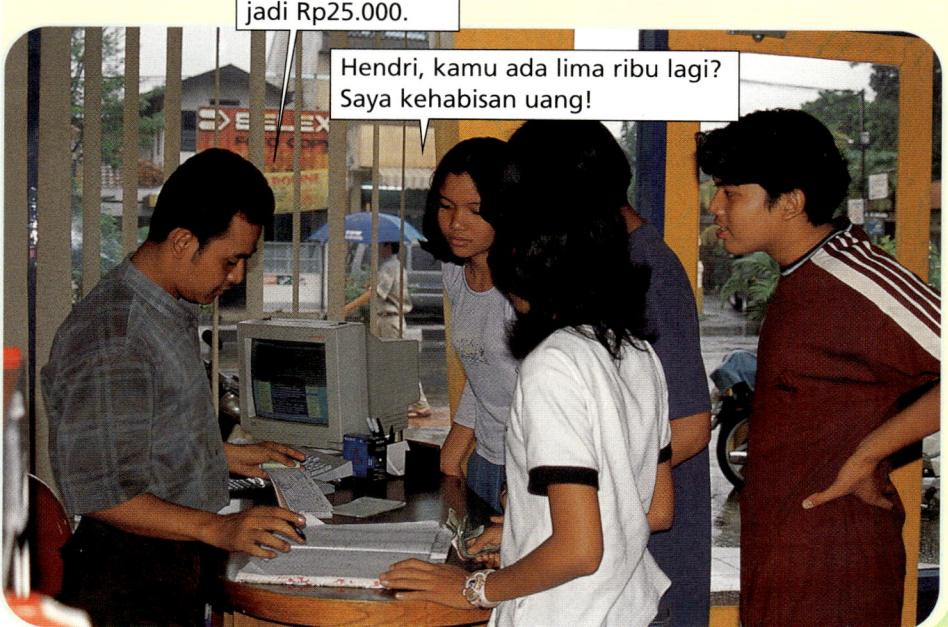

Hmm,…satu jam, jadi Rp25.000.

Hendri, kamu ada lima ribu lagi? Saya kehabisan uang!

kepanasan

kehabisan

LANGKAH 6

Petualangan di hutan Kalimantan

Adventuring in the jungles of Kalimantan

Rp800.000 (Harga sudah termasuk biaya akomodasi, makanan dan transportasi.)

Apakah anda sehat dan pemberani?
Apakah anda suka berlibur di tempat yang asyik?
Mau menjelajahi hutan penghujan?
Mau melihat orang hutan?
Kalau begitu - mungkin liburan ini pasti cocok untuk anda!!

Hari 1 (hari pertama) Jakarta · Banjarmasin · Hotel Barito

Naik pesawat dari Jakarta, Bandung atau Semarang ke pelabuhan udara Samsudin Noor di Banjarmasin (Kalimantan Selatan). Langsung naik bis ke Hotel Barito, di mana anda bisa bersantai. Fasilitas hotel ini bagus sekali, termasuk kolam renang dan taman yang indah.

Hari 2 (hari kedua) Banajrmasin · Tanjung puting · Sekonyer Ecolodge

Makan pagi di hotel Hotel Barito. Makan pagi yang lezat, dengan pilihan buah-buahan tropis, telur dan sosis, atau nasi goreng. Lalu, berjalan-jalan ke pasar burung sebelum naik pesawat ke Pangkalanbun (Kalimantan Tengah). Kemudian anda naik perahu kayu ke Taman Nasional Tanjung Puting, sambil anda menjelajahi sungai yang tenang. Terus ke Sekonyer Ecolodge – Camp Leakey, untuk makan malam dan menginap di sana.

Footnotes					
air terjun	waterfall	kegiatan	activity	pasar terapung	floating market
biaya	fee	langsung	to go straight to	pelabuhan udara	airport
buaya	crocodile	liar	wild	pemandangan	view, scenery
daerah	area/region	menginap	staying overnight	perahu	small boat
		menjelajahi (jelajah)	to explore	perjalanan	journey

LANGKAH 6

Hari 3 (hari ketiga)
Sekonyer Ecolodge · Camp Leaky · orang hutan

Makan pagi di Ecolodge, kemudian berjalan kaki di hutan penghujan sampai tiba di tempat riset pada sore hari. Anda bisa berjalan bersama-sama dengan orang hutan selama waktu memberi makan. Di daerah ini juga anda bisa melihat binatang-binatang dan burung-burung tropis. Kembali ke Ecolodge dan bersantai di sana.

Hari 4 (hari keempat)
Berolahraga arus deras · Rumah Dayak!

Hari ini naik rakit bambu di sungai yang besar. Melihat pemandangan asyik dan binatang-binatang liar seperti ular, burung-burung tropis dan buaya. Berjalan kaki di hutan penghujan ke tempat di mana anda bisa berolahraga arus deras!

Lalu naik rakit lagi ke desa Dayak dan menginap di rumah panjang tradisional!!

Hari 5 (hari kelima)
Desa Dayak · Kembali ke Banjarmasin

Bangun pagi-pagi untuk mandi di bawah air terjun dan sesudah itu, makan pagi di rumah panjang Dayak. Lalu program bebas untuk menjelajahi hutan dan desa Dayak yang menarik sekali. Kembali ke Pangkalanbun, setelah makan siang, untuk naik pesawat ke Banjarmasin (Kalimantan Selatan). Kembali ke Hotel Barito untuk makan malam dan menonton tarian tradisional di hotel atau bersantai saja!

Hari 6 (hari keenam)   Banjarmasin:
Hotel Barito · Pulau Kaget

Bangun pagi untuk pergi ke Pulau Kaget. Di pulau ini anda akan melihat monyet berhidung panjang. Lalu, bersantai di pantai dan berenang di laut yang biru dan indah. Kembali ke Hotel Barito pada sore hari, dan melihat-lihat sekitar kota. Makan malam di 'Restoran Lezat' dan berbelanja oleh-oleh seperti topeng tradisional Kalimantan!

Hari 7 (hari ketujuh)   Pasar terapung · Hotel Barito · Pelabuhan udara · Pulang

Hari ini, hari yang terakhir, ikut tur ke pasar terapung dan melihat kegiatan pagi hari di sungai. Lalu anda kembali ke hotel untuk makan siang. Pergi ke pelabuhan udara untuk perjalanan pulang anda.

LANGKAH 6

program bebas	free time	sungai	river
rakit	raft	telur dan sosis	eggs and sausages
riset	research	tenang	calm
sambil	while	termasuk	to be included
sekitar kota	around the city	berolahraga arus deras	to go whitewater rafting

KATA-KATA BARU

ENVIRONMENTAL DESCRIPTIONS (ADJECTIVES)

liar	wild
paling kaya	the richest
punah	extinct
berharga (harga)	valuable
terancam punah	endangered (almost extinct)

ENVIRONMENTAL PLACES

taman nasional	national park
daerah	area, region
di seluruh dunia	in the whole world
hutan	jungle, forest
hutan penghujan	rainforest
lingkungan	environment
sungai	river

SLANG

sohib	best friend
dong	word that softens what you say
gimana nih? (bagaimana ini?)	what should I do about this?
segini saja dulu	that's it for now
seneng (senang)	happy
temen (teman)	friend

RESEARCH

artikel	article
buletin	bulletin, newsletter
riset	research
warnet	Internet cafe

OTHER WORDS

kurang dari	less than
terjadi	to happen
tertulis	to be written
tetap	to remain
tugas	assignment, task

EXPRESS YOURSELF!

alasannya adalah	the reason/cause is…
apa yang akan terjadi?	what will happen?
haruskah?	should we? must we?
ini parah!	this is horrible!
kasihan sekali	it's a big shame, what a pity
kepedulian (peduli)	caring
kira	to think, to reckon
lama sekali	a long time
langsung	straight away
menurut	according to
di masa depan	in the future
peduli	to care
pendapat (dapat)	an opinion
salah satu jalan	one of the ways

ACTIONS AFFECTING THE ENVIRONMENT (VERBS)

berhasil (hasil)	to be successful
didaur-ulang	to be recycled (passive)
diselesaikan (selesai)	to be finished (passive)
ditebang (tebang)	to be chopped down (passive)
terbakar (bakar)	to burn down accidentally
kehilangan (hilang)	to be lost
mendaur-ulang	to recycle
memerlukan (perlu)	to need
menebang (tebang)	to chop down
menghasilkan (hasil)	to produce
menjaga (jaga)	to guard, to look after
menjelajahi (jelajah)	to explore
menyelesaikan (selesai)	to finish something

ENVIRONMENTAL ISSUES

kantor pemerintah	government office
kemasan	packaging
manusia	humans
oksigen	oxygen
orang hutan	orang-utan
pabrik	factory
pekerjaan (kerja)	jobs, occupation
pemerintah (perintah)	government
penduduk (duduk)	population
perusahaan (usaha)	company
polusi	pollution

ADVENTURE TOURISM

air terjun	waterfall
beristirahat	to rest, to relax
berolahraga arus deras	to go whitewater rafting
menginap semalam	staying overnight
pasar terapung	floating market
pelabuhan udara (labuh)	airport
pemandangan (pandang)	view, scenery
pertualangan (tualang)	to go adventuring
rakit dari bambu	bamboo raft

KE DOKTER ATAU KE DUKUN?

YOU'LL LEARN HOW TO:

- say you're not feeling well
- describe exactly what hurts
- know where to go when you are sick
- give advice to a friend
- recognise different methods of treating illness
- recognise some common medicines available in Indonesia
- suggest a good remedy for a minor illness
- read instructions to know how often to take a medicine
- tell someone how often to take medicine

ADA APA? KAMU SAKIT?

TANGGAL **30** NOVEMBER

Ipul dan Wahyu bertemu di Kafe Borobudur pada jam 4 sore.

Hai, Wahyu. Ada apa?

Hai, Ipul. Aduh – saya tidak enak badan!

Kelihatannya kamu sakit – mungkin kamu masuk angin?

Saya tak bisa tidur dan badan saya lemah.

Oh, kasihan, kamu! Mengapa kamu sampai begini?

1

2

Apakah kamu ingat waktu kita bertemu dengan Nurita dan temannya di bioskop minggu yang lalu?

Tentu saja! Dia ramah dan saya kira dia senang karena kamu ada di sana.

3

Ya, oleh karena itu, saya senang sekali tetapi malamnya saya tidak bisa tidur. Hari berikutnya kita ke warnet…

TANGGAL **23** NOVEMBER

4

Hari Sabtu, seminggu sebelumnya.

Hari itu saya lihat Nurita lagi. Dia dan temannya ke warnet dan dia kelihatan cantik sekali! Wah! Hati saya deg-degan!

Dengan bantuan kamu, Ipul, saya bisa menulis email itu dan mengirimkan kepada Nurita… tetapi hari berikutnya saya mulai kuatir, dan merasa sakit perut!

LANGKAH 7

LANGKAH 7

LANGKAH 7

120

SERATUS DUA PULUH

BAGUS SEKALI! 3

LANGKAH 7

LANGKAH 7

5

Aduh, Ipul! Saya harus bagaimana? Saya rindu! Sampai saat ini Nurita belum membalas e-mail itu!

Sekarang bukan hanya rindu dan tak bisa makan, tetapi saya juga pusing dan sedih.

Kelihatannya kamu sakit! Betul, mukamu pucat! Mungkin lebih baik kamu langsung ke dokter! Badanmu makin lama makin lemah kalau kamu tidak makan!

6

Benar!

7

Dokter sudah buka atau belum?

Hmm, mungkin sudah buka, tetapi saya belum pasti.

Jam berapa sekarang?

8

DOKTER
TANDEAN ARIF WIBOWO
PRAKTEK UMUM
JAM : 17.00-19.00
HARI LIBUR/BESAR TUTUP

Sekarang jam 5… Dokter ini buka jam 5 sampai jam 7. Untung, ya!

Hmm…

9 Wahyu dan Ipul harus menunggu dokter selama setengah jam…

Jangan kuatir! Dokter ini bagus sekali! Pasti dia bisa membantu!

Ya, perut saya sakit dan kepala saya sakit!

Kasihan kamu.

Saya kira lebih baik dia bertemu dengan Nurita dan menjelaskan perasaannya!

10

Selamat sore, sakit apa?

Selamat sore, Pak Dokter. Saya tidak enak badan – tidak bisa makan sedikitpun…

Hmm…sudah berapa lama kamu tidak bisa makan?

Kira-kira seminggu…dan saya merasa bingung dan tidak bisa tidur.

LANGKAH 7

11

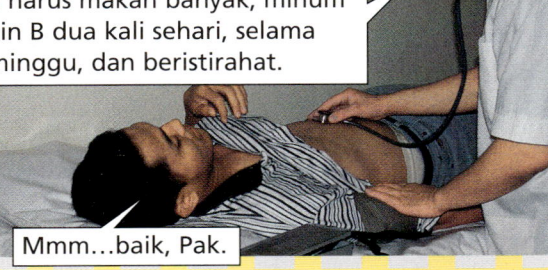

Walaupun kamu merasa sakit, badanmu tidak ada masalah. Tapi kalau tidak bisa makan badan kamu menjadi lemah. Oleh karena itu kamu harus makan banyak, minum vitamin B dua kali sehari, selama dua minggu, dan beristirahat.

Mmm…baik, Pak.

12

Meskipun dokter memberi saya vitamin, saya kira vitamin ini tidak akan memecahkan masalah saya.

Betul! Tetapi badan kamu akan lebih sehat. Mungkin kita bisa mengunjungi paman saya. Dia seorang dukun. Kadang-kadang dalam keadaan seperti ini, obat dari dukun lebih efektif!

Wahyu dan Ipul pergi ke dukun. Untung mereka tidak harus menunggu.

13

Kenalkan. Paman, ini teman saya, Wahyu.

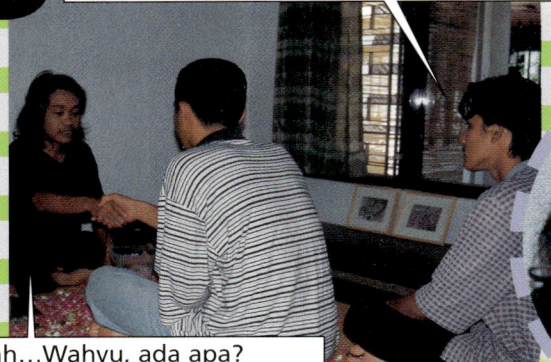

Nah…Wahyu, ada apa? Kelihatannya kamu sakit hati.

14

Ya, benar, Pak. Saya tidak bisa makan, tidak bisa tidur, dan merasa sedih.

Hmm…sudah berapa lama kamu tidak bisa makan?

Kira-kira seminggu.

Sudah seminggu? Wah, ini parah.

15

Kemudian Pak Dukun menaburkan bunga kepada Wahyu.

Hmm…demam cinta!

16 Lalu Pak Dukun membaca mantra ke dalam segelas air supaya diminum oleh Wahyu. Kemudian Wahyu langsung minum obat itu.

17

Nah…kamu harus meletakkan bunga ini di bawah bantalmu sepanjang malam! Malam ini kamu akan tidur dengan pulas dan bermimpi tentang pacarmu.

Terima kasih banyak, Pak!

TANGGAL

1

DESEMBER

18 Besok paginya, di Kafe Borobudur.

Wah – pagi ini saya lapar sekali, tadi malam saya tidur dengan pulas, dan saya merasa percaya diri lagi!

Apa saya bilang?!

Trims, ya, Ipul! Kita kan teman baik!

19

Mau ke warnet lagi sekarang? Mungkin ada e-mail dari Nurita!

Ya, ide bagus! Ayo!

LANGKAH 7

apa saya bilang?	what did I tell you?	**menaburkan**	to sprinkle
saya tidak enak badan!	I don't feel well!	**mengirimkan** (kirim)	to send
bantal	pillow	**menjelaskan** (jelas)	to explain, to make clear
berikutnya	the following	**mengunjungi** (kunjung)	to visit
bermimpi (mimpi)	to dream	**meskipun**	despite the fact that, although
bilang	to say	**obat**	medicine/pills
deg-degan	to be pounding (*sound of a heart*)	**paling sedikit**	at least
		perasaan (rasa)	feelings
demam cinta	love-sick	**pucat**	pale
dukun	traditional healer	**pusing**	headache, dizzy, lightheaded
efektif	effective	**sampai saat ini**	until now
kita kan teman baik!	we really are best friends!	**sampai begini**	become like this
langsung	directly, immediately	**sehat**	healthy
lemah	to feel run-down or weak	**sepanjang malam**	all night long
mantra	a special blessing	**tadi malam**	last night
masa depan	the future	**tidur dengan pulas**	to have a deep sleep
meletakkan (letak)	to put, to place	**untung**	lucky
membalas (balas)	to reply	**walaupun**	although
memecahkan (pecah)	to solve		

TIDAK BEGITU SUSAH!

1 **The more time goes on the more it happens!**
   Makin lama makin...

Makan lama makin is a common expression in Indonesia and is used to emphasise the nature of something – often to the point of exaggeration. It is good for gossiping, warning or advising someone. Ipul warns Wahyu in frame 7:

   Badanmu makin lama makin lemah kalau kamu tidak makan!
   Your body will get weaker and weaker if you don't eat!

Here are some other typical examples you might hear:
   Kamu makin lama makin kurus!
   You're just getting thinner and thinner!
   Dia makin lama makin cantik/ganteng.
   He/she just keeps getting better looking!
   Keadaan ini makin lama makin parah!
   This situation just gets worse and worse!

2 **Why are you like this?** **Mengapa kamu sampai begini?**

This phrase is used when you are concerned about a friend. You can tell by looking at them that something is up, and you want to know the cause of the problem. Often the problem looks like it could be serious, as Ipul says to Wahyu in frame 2:

   Oh, kasihan kamu! Mengapa kamu sampai begini?
   Oh, you poor thing! Why are you like this? (What's happened to you?)

LANGKAH 7

COBALAH INI!

1 Ada apa? Apakah kamu cape?
What's wrong? Are you tired?

1 sedih

sakit hati

2 bingung

tidak bisa belajar matematika dengan baik

3 lemah

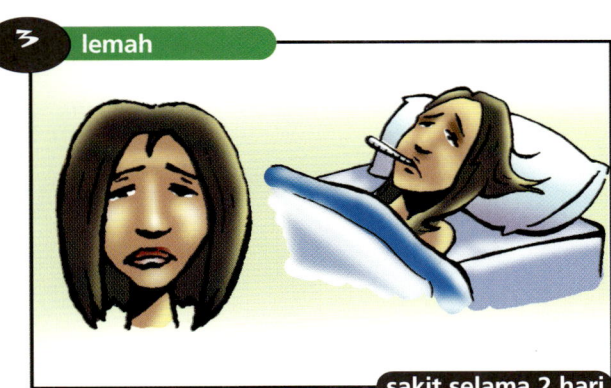

sakit selama 2 hari

4 pusing

belum makan

5 cape

bersilancar selama 8 jam

6 masuk angin

kehujanan

A Ask what is wrong with your friend.

5 ● Ada apa? Kelihatannya kamu **cape**!

1 ▲ Bukan saya **cape**, tetapi saya **sedih**!

B Find out why they are feeling that way.

● Mengapa kamu sampai begini?

▲ Saya **sedih** karena saya **sakit hati**.

C Reassure your friend that things will get better in time.

● Jangan kuatir! Walaupun/Meskipun sekarang kamu **cape**, besok pasti tidak apa-apa!

▲ Mudah-mudahan!

LANGKAH 7

COBALAH INI!

Refer to: p 124 The more time goes on...
p 133 How many times...?

2 Kamu harus minum obat ini!

You have to take this medicine!

Note: **obat** refers to medicines which are registered drugs, like Panadol
jamu refers to herbal medicine

1 Sakit flu

Jamu

1 bungkus 2 kali sehari

Obat

2 tablet 3 kali sehari

2 Sakit perut

Jamu

1 bungkus 2 kali sehari

Obat

2 tablet sekali sehari

3 Sakit kepala

Jamu

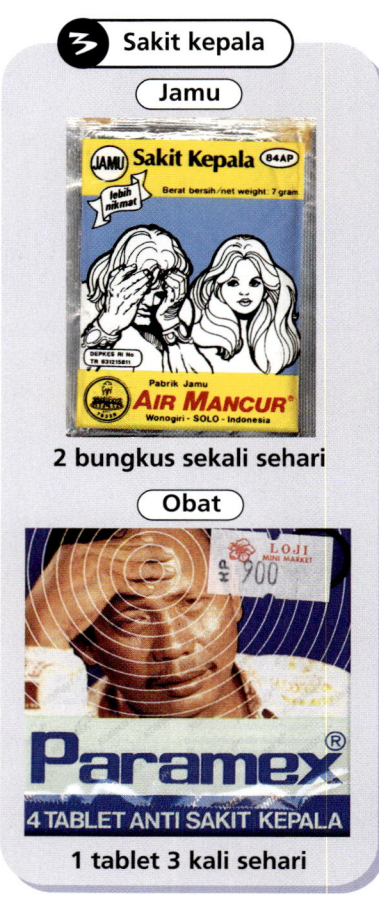

2 bungkus sekali sehari

Obat

1 tablet 3 kali sehari

A Ask what's wrong with a friend.

● Ada apa? Apakah kamu sakit?

▲ Ya, saya **sakit flu**!

B Ask how long someone has felt unwell and offer advice on what medicine to take.

● Sudah berapa lama kamu **sakit flu**?

▲ Sudah **3 hari**. Makin lama makin parah.

● Kalau begitu kamu harus minum ⟨ **jamu Pilek**. **obat Ultraflu**.

You can **makan obat** when you're taking pills, but the expression **minum obat** means 'to take medicine' – whether it's a liquid or a pill.

HATI-HATI!

C Ask how often you need to take a medicine.

● Berapa kali sehari saya harus minum **jamu/obat** ini?

▲ **Se**bungkus, **dua** kali sehari/Dua tablet **tiga** kali sehari.

JANGAN LUPA!

kali	times
sekali	once (or very!
selama	as long as

BERANI COBA?

You can use the word **selama** for more complicated instructions:

▲ **Nah, minum obat ini 3 kali sehari, selama dua minggu!**
Now, take this medicine 3 times a day, for 2 weeks!

BiCARA BeBAS!

PAIR ACTIVITY

Refer to: p 131 What should I do?
p 132 Being sick...
p 133 How many times...?

1 Langsung ke dokter!
Go straight to the doctor! – pair work

Develop a role-play in pairs. One of you is the doctor and the other is the patient. The patient must explain to the doctor what is wrong, and answer questions about how they are feeling. The doctor must assess the patient and give them a prescription for their illness.

Nah, minum obat ini 3 kali sehari selama seminggu, dan kembali lagi ke sini 2 minggu yang akan datang!

USEFUL PHRASES (FOR THE DOCTOR)

Sudah berapa lama kamu sakit?
Sudah berapa lama kamu tidak bisa makan/minum/tidur/belajar/berjalan kaki?
Wah, badanmu lemah!
Mukamu pucat.
Kamu perlu berisitirahat.
Walaupun kamu merasa sehat, kamu harus beristirahat.
Meskipun kamu sakit perut, kamu harus tetap makan dan minum!
Kamu harus minum obat ini 2 kali sehari.
Minum obat ini setiap hari selama 3 minggu.
Badanmu makin lama makin sehat.
Kamu bisa membeli obat ini di apotek.

USEFUL PHRASES (FOR THE PATIENT)

Saya lemah/sakit perut/pusing/sedih/cape
Oleh karena itu saya tidak bisa...makan/minum/tidur/belajar/berjalan kaki?
Sudah lama saya sakit.
Makin lama makin parah/sakit.
Saya harus bagaimana?
Di mana saya bisa membeli obat ini?

2 Bisa saya bantu?
Can I help? – pair work

Good friends often help each other out and give advice. Write down a problem you have. It might be to do with your health or your feelings, and it can be real, or imaginary. Now explain it to a friend. They should listen carefully and then offer some advice!

Now swap roles – this time you listen to the problem and give your opinion about what to do!

Saya suka sekali sama dia! Bukan main gantengnya! Saya harus bagaimana?

Mungkin kamu bisa membeli jamu kecantikan!

Eh, jangan kuatir! Saya sudah minum.

USEFUL PHRASES (IF YOU'RE GIVING ADVICE)

Jangan kuatir!
Kasihan, mungkin kamu bisa...
Ada apa?
Yang benar?
Meskipun kamu sedih...
Kamu harus langsung pergi ke dokter/dukun.

USEFUL PHRASES (IF YOU'VE GOT A PROBLEM)

Masalah saya adalah...
Saya harus bagaiamana?
Bukan...tetapi...
Kita kan teman baik!

LANGKAH 7

MARi BerMAin!

Kamu ada masalah?
Have you got a problem? – board game (2–4 players)

Players take it in turns to roll the dice and move their counters around the board.
Players use the number on the dice to tell them how many squares they may move at a time.

When you land on a square with an instruction on it, you need to follow the instruction given.
If a square does not have anything on it, the player is free to stay there until their next turn.

Kotak masalah
Your teacher will give you some **Kotak masalah** cards from the *Teacher's Electronic Resource*.
If you land on the **Kotak masalah** (problem box) square, the player next to you picks up a **Kotak masalah** card and will ask you the problem which is written on it. You must choose the best solution for that problem. You will then be given a score from the card:

+2 means you move forward 2 squares
+1 means you move forward 1 square
−1 means you move backwards 1 square

Hint: an Indonesian dictionary might help you out if you have forgotten a word or two!

The aim of the game is to try to be the first to the finish line!

KOTAK MASALAH

1. MULAI DI SINI.
2.
3. KE DOKTER. KAMU HARUS MINUM OBAT! Maju 1 langkah.
4.
5. KOTAK MASALAH
6. KE APOTEK. KAMU MEMBELIKAN TEMANMU OBAT. Maju 2 langkah.
7.
8.
9. KAKI KAMU PATAH. KAMU HARUS KE RUMAH SAKIT. Mundur 1 langkah.
10. PERGI KE KOTAK MASALAH.
11.
12. KOTAK MASALAH
13.
14.
15. PERUT KAMU SAKIT. Mundur 2 langkah.
16. KE PENJUAL JAMU. KAMU HARUS MINUM JAMU! Maju 3 langkah.
17. KOTAK MASALAH

APOTEK

LANGKAH 7

KATA-KATA BARU

maju	to go forward/progress
mundur	to go back
langkah	(in this context:) square
mulai	to start
selesai	to finish

BACALAH INI!

Saya harus bagaimana?
What should I do?

Read these letters written by Indonesian teenagers to their favourite magazine. See if you agree with the advice given!

1 Hai! Saya peduli lingkungan dan **pantai dekat rumah saya makin lama makin kotor** karena banyak sampah yang dibuang di sana. Saya harus bagaimana?

Dari Febi

Yang benar? Ini parah sekali. Mungkin kamu bisa **menjaga lingkungan bersama teman-temanmu, dan membersihkan pantai itu** akhir minggu depan?
Semoga sukses, ya!

2  Hai – saya sedih sekali karena **saya tidak punya pakaian baru untuk pesta!** Saya harus bagaimana?
Dari Mia
Jangan kuatir! Mungkin kamu bisa **pinjam dari kakakmu.**

3 Waduh! **Ujian matematika saya gagal!** Saya ingin lulus tetapi bagaimana caranya?
Dari Jono
Belajar yang rajin! Makin lama makin pandai, atau **minta tolong temanmu yang pandai!**

4 Wah! **Sohib saya harus pindah ke kota lain** dengan keluarganya! Saya harus bagaimana?
Dari Oki

Tidak apa-apa! Mungkin kamu bisa **mengunjungi dia pada liburan yang akan datang!**

5 Masalah saya adalah: **Saya tidak boleh ikut teman-teman saya ke bioskop, pada malam hari.** Saya ingin sekali ikut mereka. Saya harus bagaimana?
Dari Bima
Hmm – masalah ini susah. Mungkin kamu bisa **bicara dengan orangtuamu,** atau mungkin kakakmu juga bisa ikut? Coba saja, ya!

You are the talk-back host on a teenage radio program. Teenagers will ring in with specific problems and you can suggest some advice. Use the magazine letters to help you!

● Halo, **Mia**, selamat siang. Ada apa?

▲ Halo. Masalah saya adalah **saya tidak punya pakaian baru untuk pesta.** Saya harus bagaimana?

● Hmm. Jangan kuatir! Mungkin kamu bisa **pinjam dari kakakmu.**

▲ Oh, itu ide bagus! Trims, ya!

BERANI COBA?

Now you could write a short problem and/or solution of your own. Ring up your radio host partner to discuss it.

LANGKAH 7

TIDAK BEGITU SUSAH!

3 What should I do? Saya harus bagaimana?

When learning a new language, it is very important not to translate word for word. You should translate phrases as a whole, instead.
A good example is **Saya harus bagaimana?** which means 'What should I do?'

It appears in frame 6 when Wahyu complains that he's had no reply from Nurita to his love letter. He says:

Aduh, Ipul! Saya harus bagaimana?
Oh no, Ipul! What should I do?

> Aduh, Ipul! Saya harus bagaimana? Saya rindu! Sampai saat ini Nurita belum membalas e-mail itu!

4 We really are best friends! Kita kan teman baik!

Here are some handy friendship terms you can use with your best friends!

rindu	to miss someone/something
memang	truly
sahabat	best friend
teman baik	good friend

You can use these two expressions with your friends:

Kamu memang teman saya!
You really are my friend!
Kita kan teman baik!
We really are best friends!

Kan is short for **bukan** – which in this case is being used to emphasise the expression, similar to 'really' or 'aren't we!'.

5 So because of that... Oleh karena itu...

Often when explaining things we need to emphasise why something is the way it is, so we need phrases like this one:

oleh karena itu…	because of that, for that reason

It is a handy one to remember because it can be used to start a sentence or join two together. Here are two examples.

Oleh karena itu saya senang sekali.
Because of that I was really happy.
Dia merasa kurang sehat dan oleh karena itu dia tidak bisa ikut.
She was feeling unwell and because of that she couldn't come.

LANGKAH 7

TIDAK BEGITU SUSAH!

6 On the other hand... Walaupun, meskipun, namun, bukan...melainkan..., bukan hanya...tetapi juga...

When discussing something in detail in Indonesian it is often necessary to be able to express more complex opinions. This can involve comparing two issues. These phrases will help you compare ideas and situations.

walaupun	although
meskipun	in spite of that...
...namun	...however
meskipun...namun...	although...
bukan...melainkan...	it's not that...it's... (when discussing opposites)
bukan hanya...tetapi juga	not only...but also...(when discussing similar things)

Sometimes these words will also be used in the same sentence as each other. Here are some examples:

Walaupun dia pemalas, dia terus berhasil!
Although he's lazy, he continues to succeed!
Meskipun Tuti pemalu, **namun** dia punya banyak teman.
Although Tuti is shy, she has a lot of friends.
Bukan dia nakal, **melainkan** dia bosan.
It's not that she's naughty, it's that she's bored.
Bukan hanya dia cantik **tetapi** juga pandai!
Not only is she beautiful but she's also smart!

7 Being sick! Sakit, mual, muntah, pusing, masuk angin dll.
sick, nauseous, to vomit, to be dizzy, to feel run-down etc.

There are different expressions for being sick in Indonesia. You have to think about what you are trying to describe carefully so your information is correct and you get the right sort of help. Here are some useful phrases:

saya sakit	I'm feeling sick/unwell/a bit off-colour (very general)
badan saya tidak enak	I'm not feeling well, my body's aching
saya mual	I'm nauseous/sick in the stomach
saya muntah	I vomited
saya sakit perut	I have a stomachache
perut saya sakit	my stomach hurts
saya sakit kepala	I have a headache
kepala saya sakit	I've hurt my head
saya masuk angin	I've caught a chill, I feel run down (literally: the wind has got into me)

There is a difference in the way 'hurt' and 'an ache' are expressed!

Kepala saya **sakit!**   My head hurts. (I've injured it in some way.)
Saya **sakit kepala!**   I've got a headache!

Kepala saya sakit!

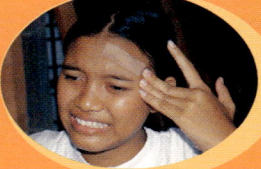

Saya sakit kepala!

How many times a week do you do that?
Berapa kali seminggu kamu melakukan itu?

When you want to talk about how often something happens or how often something needs to be done, we use this phrase:

| …kali se…(hari, minggu, tahun, etc.) | …number of times per…(day, week, year etc.) |

Here are some examples:

Obat ini harus diminum 4 kali sehari, selama 3 hari!
This medicine must be taken 4 times a day, for 3 days!
Saya bermain tenis 3 kali seminggu.
I play tennis 3 times a week.
Keluarga saya mengunjungi kakek saya 2 kali setahun.
My family visit my grandfather twice a year.

Setiap is also another good word to remember in this group because it says something happens 'every' time. For example:
Saya bersilancar setiap hari!
I go surfing every day.

Kira-kira, which means approximately, is helpful too because it means you don't have to be so precise. For example:
Saya menonton video kira-kira sekali seminggu.
I watch videos about once a week.

 Pe-an nouns

In this chapter you have seen the word **perasaan**, meaning 'feelings', used when Ipul thinks that:
…lebih baik dia bertemu dengan Nurita dan menjelaskan perasaannya.
…it would be better if he met with Nurita and told her about his feelings.

When a **me**-verb like **merasa** ('to feel') changes into the noun **perasaan** ('feelings') it takes the affixes **pe-an**. Other examples are:

me-verb		pe-an noun	
menjelaskan	to explain	**penjelasan**	an explanation
memandang	to look at	**pemandangan**	the view, scenery

 Per-an nouns

Per-an nouns on the other hand tend to be formed from **ber**-verbs.

ber-verb		per-an noun	
bercakap-cakap	to chat	**percakapan**	a conversation
berjalan	to walk, to go	**perjalanan**	a journey
bertanya	to ask	**pertanyaan**	a question
bekerja	to work	**pekerjaan**	an occupation, job

Note: although **bekerja** and **pekerjaan** start with **be-** and **pe-**, they are still classed with **ber**-verbs and **per-an** nouns.

LANGKAH 7

INDONESIA ASYiK!

1 Jamu

Traditional herbal remedies called **jamu** are very popular with Indonesians. Using this traditional form of medicine is a bit like going to a herbalist or naturopath in Australia. The **jamu**, or herbal medicine, is made according to age-old recipes, and can be in the form of powders, pastes, creams and capsules. The most common type of **jamu** is the powder type which you mix with hot water and honey, and sometimes even an egg! There are **jamu** remedies to treat all sorts of different illnesses and to generally improve your physical condition.

Jamu was first made in the royal courts of Yogyakarta and Solo. In these courts the ladies of nobility perfected the art of making **jamu** from flowers, barks, nuts, herbs and spices which they used to maintain their health and beauty.

Today these ancient recipes are commercially manufactured all over Indonesia. Semarang is known for its two big **jamu** factories: **Jamu Jago** and **Jamu Nyonya Meneer**.

You buy **jamu** in the street from a **penjual jamu** or **jamu** seller. The sellers are often women, and either carry the **jamu** remedies in bottles on their shoulders or push them in a little cart. There are lots of jamu sellers in Java, so you won't have to go far before you find one!

penjual jamu   **bahan-bahan untuk membuat jamu**

2 Masuk angin

Masuk angin actually means that 'the wind has got into you'. It's a bit like saying in English that you've caught a chill or you feel a bit feverish. It is a common cause of illness in Indonesia and is wrapped up in traditional beliefs about the power of external forces. It can mean that you are either physically sick or emotionally vulnerable and is nearly always given as a possible cause if you mention that you are unwell. You might see some Indonesians, particularly in Java, rubbing their skin with a coin to help combat **masuk angin**. This remedy seems to work on the idea of increasing the bloodflow and stimulating the immune system, and its benefits are firmly believed in.

HERE ARE SOME THINGS YOU MIGHT TAKE JAMU FOR.

TO INCREASE YOUR BEAUTY

TO HELD WITH DIMPLES

TO INCREASE YOUR APPETITE

TO REDUCE STRESS, TENSION AND HIGH BLOOD PRESSURE

3 Dukun

A **dukun** is a type of traditional healer or witchdoctor that can be found in many villages all over Indonesia. The powers of a **dukun** vary. Some **dukun** can predict the future, while others can influence fate, identify thieves or heal the sick.

A **dukun** can be male or female and each **dukun** has his/her own special techniques of healing people. The powers are often passed down from within the family and are regarded as a gift from God, which will be taken away if abused or used in the wrong way.

As you saw in the photo-story, sometimes a **dukun** will read a **mantra** (a special blessing/prayer) into a glass of water, turning the water into holy water which can then heal a person. Sometimes a **dukun** also uses a mixture of herbs and natural ingredients which they chew to make a paste, putting the paste onto the person's body to heal it. Sprinkling flowers over the person is another important healing ritual.

4 Langsung ke dokter!

In most Indonesian towns there are a number of health centres you can visit if you are **sakit**:

TO HELP YOU PLAY SPORT OR BE ACTIVE

Dokter	A general doctor like in Australia
Dokter gigi	A dentist – usually private practices
Dukun	A traditional medicine person who also deals with personal problems. Believed to have magical powers
Rumah sakit	A hospital for emergencies and surgery
Puskesmas	A local health clinic
Posyandu	A family planning and baby health clinic
Apotek	The chemist – where most medicines are easily obtainable
Jamu seller	A seller of traditional herbal medicines

TO MAKE YOU STRONGER AND MORE MUSCULAR

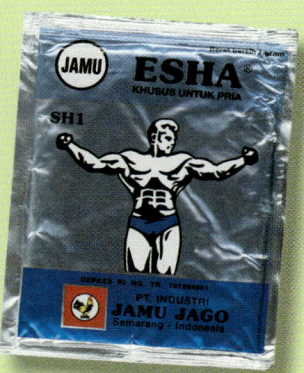

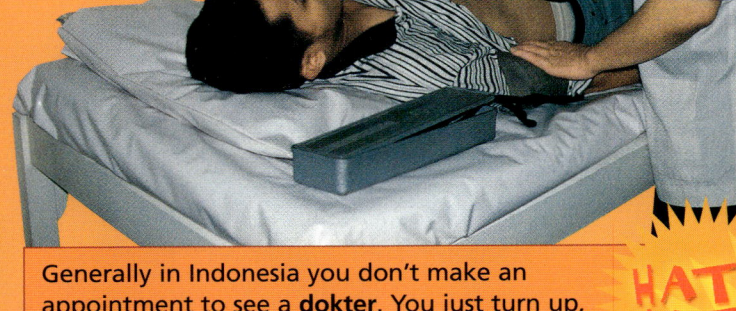

LANGKAH 7

AND ALSO:
- **TO MAKE YOU THINNER**
- **TO HELP AN UPSET STOMACH**
- **TO HELP SHIFT A COLD**
- **TO MAKE YOU SMELL SWEET**

Generally in Indonesia you don't make an appointment to see a **dokter**. You just turn up, take a number and wait your turn on a first-come-first-served basis!

HATI-HATI!

KATA-KATA BARU

PHOTO-STORY EXPRESSIONS

bantal	pillow
berikutnya	the following
bermimpi (mimpi)	to dream
deg-degan	to be pounding (*sound of a heart*)
demam cinta	love-sick
efektif	effective
langsung	directly, immediately
mantra	a special blessing
masalah	problem
masa depan	the future
meletakkan (letak)	to put, to place
membalas (balas)	to reply
memecahkan (pecah)	to solve
menaburkan	to sprinkle
mengirimkan (kirim)	to send
menjelaskan (jelas)	to explain, to make clear
mengunjungi (kunjung)	to visit
paling sedikit	at least
perasaan (rasa)	feelings
sampai saat ini	until now
sampai begini	become like this
sepanjang malam	all night long
untung	lucky

EXPRESSING YOURSELF

apa saya bilang?	what did I tell you?
bilang	to say
bukan hanya	it's not only…
kita kan teman baik!	we really are best friends!
meskipun	in spite of that, although
melainkan	it's just that…
…namun	…however
tetapi juga	but also
walaupun	although

BEING SICK

ada apa?	what's up?
apotek	chemist
beristisahat	to rest
dokter	doctor
dukun	traditional healer
jamu	traditional herbal medicine
lemah	weak
masuk angin	to catch a chill, to be feverish
mual	nauseous, sick in the stomach
muntah	vomit
obat	medicine
patah	to break (a bone)
pucat	pale
pusing	dizzy, tension-headache
rumah sakit	hospital
sakit	pain, sick, ache
sakit apa?	what hurts?
sakit kepala	headache
sakit perut	upset stomach, stomachache
saya tidak enak badan!	I don't feel well!
tidur dengan pulas	to sleep soundly
sehat	healthy

FREQUENCY

kadang-kadang	sometimes
kali	times
kira-kira	approximately, about
lama	long (time)
langsung	straight away
makin	the more…
selama	for as long as
tadi malam	last night

JATUH CINTA!

YOU'LL LEARN HOW TO:

- ◆ talk about girlfriends or boyfriends
- ◆ talk about your feelings
- ◆ express yourself easily amongst your friends
- ◆ use culturally apppropriate expressions of love
- ◆ read a personal diary
- ◆ read a love poem
- ◆ send a love message or love letter
- ◆ recognise popular teenage slang

DIA TEMAN ATAU PACAR?

Hari Minggu Nurita dan teman-temannya pergi ke taman yang terdekat.

Aku is used instead of **saya** throughout this photo-story as the friends are close and know each other well.

HATI-HATI!

1

Aku bingung! Bagaimana kalau anak catur ini aku taruh di sini?

Jangan! Lebih baik di sebelah kanan.

Kamu curang! Kamu pasti kalah.

Kalau kamu kalah, kamu harus membelikan kita es krim!

2

Nah! Kamu kalah! Ayo belikan kita es krim sekarang...dan untuk aku – dua!

Hati-hati, ya! Kalau kamu terlalu serakah, siapa yang mau menjadi pacarmu?

Hen, kamu main-main saja!

Tapi aku tidak mirip orang hutan, seperti kamu!

Aduh! Tertawa terus! Pipi aku sakit!

Aduh! Ada semut di dalam celana aku!

Aku pikir kamu pandai bermain catur.

Tetapi aku pandai sekali taekwondo!

Oh ya? Boleh aku menonton kamu bertanding kapan-kapan?

Tentu saja! Aku akan senang sekali!

3

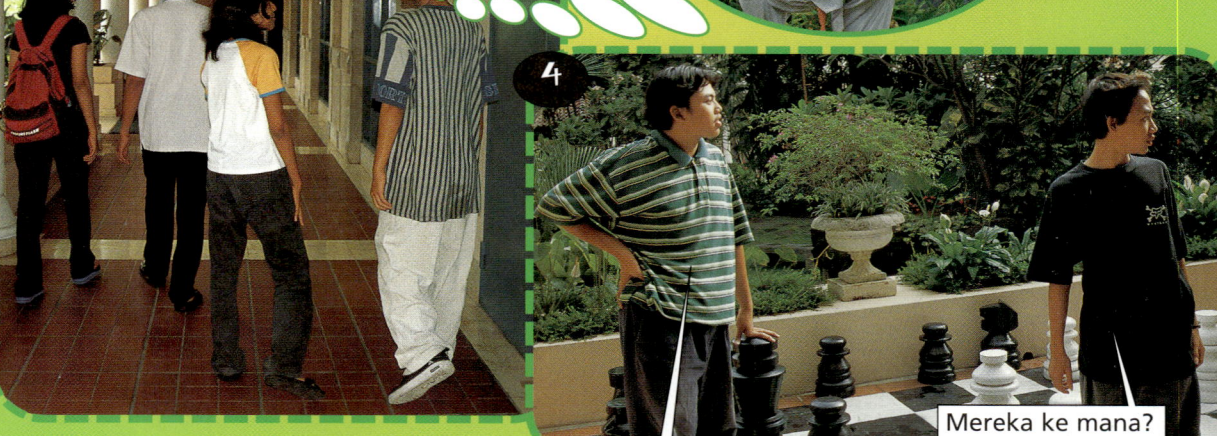

4

Mereka ke mana?

Mudah-mudahan mereka pergi untuk membeli es krim!

LANGKAH 8

5 Tidak apa-apa. Kita bisa main catur dengan tenang.

Aku pasti menang! Awas, ya! Aku pandai sekali bermain catur!

Yang benar! Jangan terlalu pasti!

6 Yeyen, kamu mau ke Java Kafe hari Sabtu sore? Kita bisa ngobrol-ngobrol sambil minum kopi?

Mau juga, tetapi ibuku harus aku tanya dulu, ya!

Aku coba menelepon kamu tadi malam tetapi kamu tidak ada.

Oh, ya? Oh, maaf, aku sedang keluar.

Hmm...mungkin dia suka sama aku!!

7 Wah, bunga itu indah sekali, ya?

Aku harus bilang apa, ya? Aku grogi!

Aku suka sekali tempat ini! Tenang dan banyak bunga dimana-mana, ya?

Ya, betul. Mungkin kapan-kapan, kita bisa kembali ke sini lagi, tapi berdua saja!

8 Yeyen, ah...(Waduh! Ini susah sekali!)...boleh aku terus terang?

Tentu saja. Ada apa, Hen?

Oke-oke, aku harus berani!

9 Sudah lama aku suka kamu!

Asyik! Dia suka sama aku!!!

Oh..., yang benar?

Ada kemungkinan kita bisa pacaran?

Ya, mungkin!

Ada kemungkinan besar!

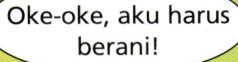

10 Anu…apakah kamu tahu aku yang menulis e-mail yang kamu terima, minggu lalu!

Wah! Kata-katanya indah sekali!

Aduh! Aku malu!

11 Astaga! Dia mau mengajak pacaran!

Nurita…, sudah punya pacar?

Belum. Punya teman baik saja, seperti Hendri, Imam dan Hadi.

Nurita, mau menjadi pacarku?

Aduh! Hatiku deg-degan!

Hmm…boleh.

12 Wahyu dan Nurita duduk bersama-sama dengan Yeyen dan Hendri.

Wah! Mungkin Hendri sudah jatuh cinta sama Yeyen! Asyik! Yeyen akan senang sekali!

Ada apa, Hendri?

Tidak ada apa-apa!

Mengapa kamu tersenyum terus, Yeyen?

Eh! Kamu juga!

13 Ke mana mereka? Kenapa lama sekali?

Mereka benar-benar beli es krim, atau…? Oh, itu mereka di sana!

Kelihatannya mereka sedang pacaran – bukan beli es krim!!

14 Nahhhhh – ketahuan! Sedang pacaran, ya?

He, di mana es krim aku? Aku lapar!

Oh, ya! Mana es krim kita, Hendri?

Oh, maaf, aku lupa, dompet aku ketinggalan di rumah!

LANGKAH 8

INDONESIA ASYIK!

 1 ## Types of love

In Indonesian there are a few different words for 'love'. The two most commonly used are **sayang** and **cinta**.

Sayang is usually used with parents, close friends and relatives and has a sense of unconditional love. It also indicates respect, caring and loyalty.

Cinta is more of a romantic type of love, used when speaking about your **pacar**, or other things you might feel passionate about – like your football team!

 2 ## Affection

Traditionally in Indonesia it is **not** polite to hug and kiss people of the **opposite sex** in public, except for family members. Affection between couples is usually shown in private.

Girls and boys in Indonesia are traditionally shy with the opposite sex, even if they are going out together. They do not hold hands or kiss, and will introduce a girlfriend/boyfriend to others as 'just a friend' to avoid embarrassment. Even married couples do not show affection towards each other in public.

This is changing slightly because of Western influence, especially in the big cities where you may see boys and girls or men and women openly showing affection to each other. However you can still expect to receive some disapproving stares if you kiss someone you're going out with in the street!

On the other hand, holding hands, hugging and showing affection to members of the **same sex**, e.g.: to your friends, **is** considered very normal in Indonesia, even between boys! These are just considered gestures of friendship, and don't get misunderstood, or indicate any sexual intent.

LANGKAH 8

BACALAH INI!

Nyantai aja dong!
Just chill out!

Ever had the feeling that you've been learning Indonesian for years and yet when you pick up a magazine it still looks like a completely alien language? **Nyantai aja dong!** It's probably just a case of **Omong Jakarte** (Jakartan slang).

It is becoming more and more common all over Indonesia to see the influence of Jakartan slang words and expressions, particularly among teenagers, and in teenage magazines like *KaWanku* and *Hai!* Popular slang is good to recognise, but be careful to use it only around your friends.

Read Nurita's diary entries, which are written in **omong Jakarte**. Then have a look at the version of the **8 Desember** diary entry which is in **bahasa baku** (standard Indonesian). Notice the differences between the slang and the standard Indonesian. Can you see any regular patterns?

OMONG JAKARTE	BAHASA BAKU	BAHASA INGGRIS
aja	saja	just
banget	sangat/sekali	very
belom	belum	not yet
cakep	cakap/ganteng	good-looking
...deh?	...ya?	all right, okay?
deket	dekat	close
doi	dia	he/she (*loved one*)
dong	-lah	*softener*
emailin	kirim e-mail	sending e-mail
emang	memang	indeed
gue	aku/saya	I, me, my
hepi	senang	happy
ia	dia	he/she
kalo	kalau	if/when
ketemu	bertemu	to meet
lho		...hey?! eh?!
lu	kamu	you
nggak	tidak	no, not
nangis	menangis	to cry
nulis	tulis	to write
sebenernya	sebenarnya	actually
seneng	senang	happy
sohib	sahabat	best friend
taon	tahun	years
tapi	tetapi	but
tau	tahu	to know
temen	teman	friend
udah	sudah	already

Hint: Indonesian slang often looks like the Indonesian you already know, but a few letters have changed or dropped off!

BUKU HARIAN NURITA
AWAS! DILARANG MEMBACA!!!

Hari Minggu, tanggal 24 November

Udah lama gue nggak nulis!

Hari Jumat hari yang bagus banget. Ketemu sama temen-temen gue, Hendri dan Yeyen di bioskop Mataram. Gue seneng banget karena Wahyu juga ada di sana! Asyik, deh!

Dan hari ini gue terima surat lewat e-mail yang isinya romantis banget! Tapi gue belom tau cowok mana yang nulis surat itu! Bingung gue!

Ini rahasia gue: Gue suka sama Wahyu! Sebenernya doi belom tau lho! Emang doi lucu, cakep dan keren!

Mungkin doi juga suka sama gue? Kalo gue lihat doi, hati gue deg-degan!

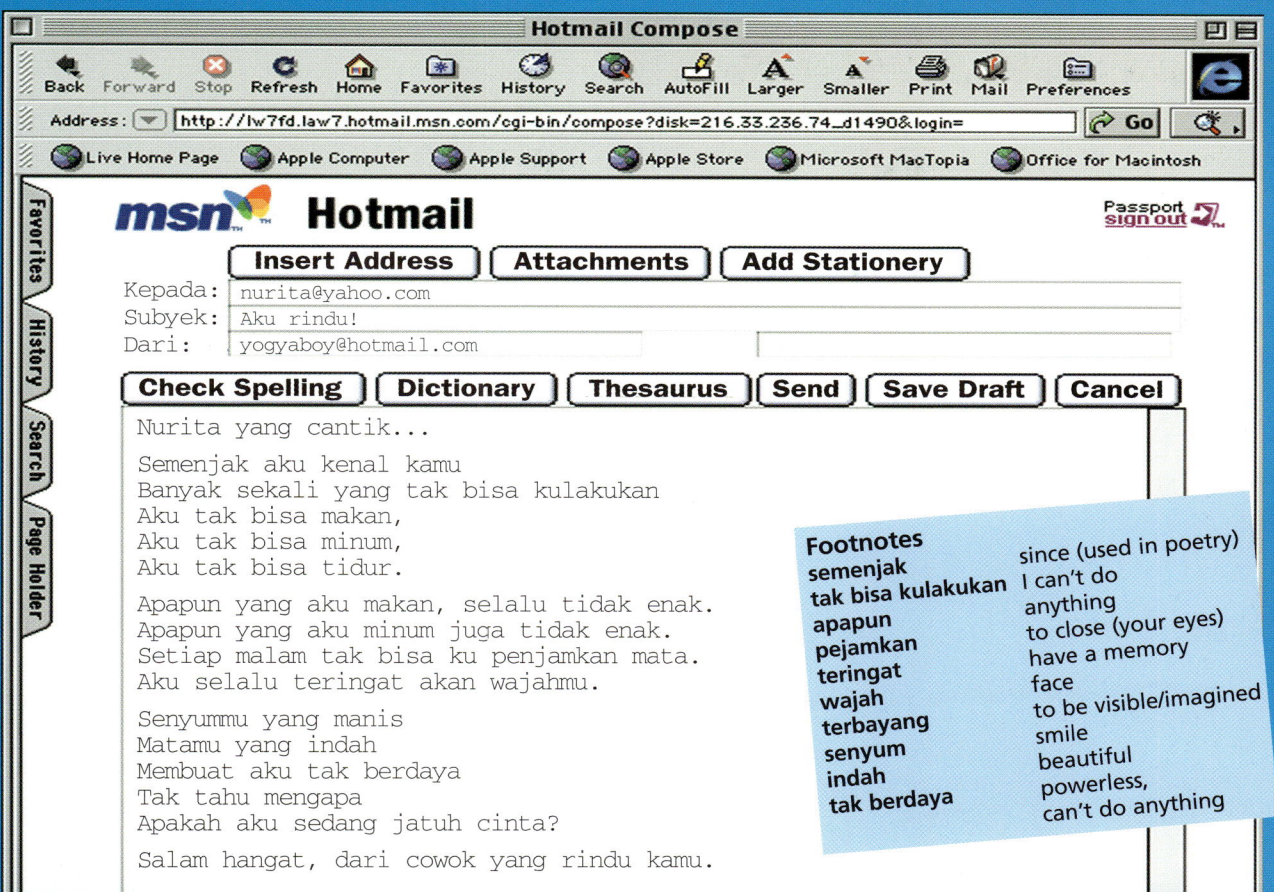

Hotmail Compose

Address: http://lw7fd.law7.hotmail.msn.com/cgi-bin/compose?disk=216.33.236.74_d1490&login=

Live Home Page · Apple Computer · Apple Support · Apple Store · Microsoft MacTopia · Office for Macintosh

msn Hotmail — Passport sign out

[Insert Address] [Attachments] [Add Stationery]

Kepada: nurita@yahoo.com
Subyek: Aku rindu!
Dari: yogyaboy@hotmail.com

[Check Spelling] [Dictionary] [Thesaurus] [Send] [Save Draft] [Cancel]

Nurita yang cantik...

Semenjak aku kenal kamu
Banyak sekali yang tak bisa kulakukan
Aku tak bisa makan,
Aku tak bisa minum,
Aku tak bisa tidur.

Apapun yang aku makan, selalu tidak enak.
Apapun yang aku minum juga tidak enak.
Setiap malam tak bisa ku penjamkan mata.
Aku selalu teringat akan wajahmu.

Senyummu yang manis
Matamu yang indah
Membuat aku tak berdaya
Tak tahu mengapa
Apakah aku sedang jatuh cinta?

Salam hangat, dari cowok yang rindu kamu.

Footnotes
semenjak — since (used in poetry)
tak bisa kulakukan — I can't do anything
apapun — to close (your eyes)
pejamkan — have a memory
teringat — face
wajah — to be visible/imagined
terbayang — smile
senyum — beautiful
indah — powerless,
tak berdaya — can't do anything

Hari Minggu, tanggal 8 Desember
Udah banyak yang terjadi sejak gue terakhir nulis!

Wahyu bilang 'kamu cantik, Nurita'. Aduuuh!!! Lalu doi bilang bahwa, doi yang emailin surat cinta itu. Doi nggak bisa makan, nggak tidur selama seminggu setelah doi nulis sama gue!! Katanya juga doi udah suka banget sama gue selama 2 taon! Astaga!! Bukan main romantisnya doi!

Hendri dan Yeyen tambah deket! Mungkin mereka akan pacaran juga.

Asyik! Hari ini gue hepi sekali!

Bahasa resmi

Hari Minggu, tanggal 8 Desember
Sudah banyak yang terjadi sejak aku terakhir menulis!

Wahyu bilang 'kamu cantik, Nurita'. Aduuuh!! Lalu dia berkata bahwa dia yang kirim e-mail surat cinta itu. Dia tidak bisa makan, tidak bisa tidur selama seminggu setelah dia menulis kepada saya! Katanya juga dia sudah suka sekali sama aku selama 2 tahun! Astaga!! Bukan main romantisnya dia!

Hendri dan Yeyen tambah dekat! Mungkin mereka akan pacaran juga.

Asyik! Hari ini aku senang sekali!

LANGKAH 8

MARI BERMAIN!

Think of a few phrases that you use a lot in Indonesian and try to write them using Jakartan slang. Be as imaginative as you like, using phrases from any chapter! Don't let anyone else see what your expressions are. Now play hangman with your friends using the slang versions. The first person to figure it out your sentence then gets to try out their own slang expression!

 # BICARA BEBAS!

1 Pacar fantasi
Dream date – group activity

Interview 6 friends to find out about their dream date. Who would they really like to go on a date with, why and what (romantic) thing would they say to them?

Namanya	Mengapa kamu suka doi? Karena doi...	Kamu mau bilang apa?
1 Brad Pitt	ganteng sekali keren	Saya cinta kepadamu!
2 Jennifer Aniston	cantik. rambutnya pirang	Saya rindu kamu. Rambutmu indah!
3		
4		

2 Radio Cinta
Radio love – pair work

In pairs, role-play the **Radio Cinta** show. You are the caller and your partner is the announcer. Call **Radio Cinta** with an anonymous love message for a boy or girl you like. Talk about their appearance, what they are like, their star sign and how you feel about them! When you have finished swap your roles. Below are some phrases to help you get started.

USEFUL PHRASES

Note that you can use either **aku** or **saya**.

aku cinta kepadamu	I love you	kamu kekasihku	you're my sweetheart
aku suka sekali sama kamu	I really like you	aku demam cinta	I'm love-sick
aku sayang sama kamu	I love/care about you a lot	aku demam asmara	I'm love-sick
aku rindu sama kamu	I long for you/miss you	aku mabuk cinta	I'm drunk on love
aku jatuh cinta kepadamu	I've fallen in love with you		

LAGU

Work with a partner to read the lyrics of this song written by the Indonesian group **Sheila on 7**.

Pe-de
oleh Sheila on 7

Aku memang belum punya mobil
Yang bisa tedunkanmu dari hujan
Tapi aku punya lagu
Yang bisa menghangatkanmu di setiap saat
Aku memang nggak funky
Tapi bukan gembel yang hidup tanpa usaha

Tapi kalau kamu sadar
Yang kita butuhkan bukan hanya
funky style/materi

Yang kita butuhkan
Tapi kalo kamu bener cewek baik
Kamu pasti falling in love with me
Karena aku bisa membuaimu
Terbang melayang ke sana kemari
wow

Pegang erat pinggangku saat kita melaju
Di atas bintang – bintang/dua roda
Dendangkan serta lagu kesayanganmu
Seperti sedia kala
Dimana kita terangkai bersama

It's true I don't have a car yet
that could shelter you from the rain
but I do have a song
that can warm you up in every moment
It's true that I'm not funky
but I'm not a poor man who lives without the will to work

But if you realise
That what we need is not just
a funky lifestyle (1st chorus)/material things (2nd chorus)

What we need...
if you really are a great girl
you are sure to fall in love with me
because I can soothe you,
flying and floating here and there
wow...

Hold on tight around my waist when we take off
above the stars (1st chorus) on two wheels (2nd chorus)
singing your favorite songs with you
just like when we started
in a place where we were meant to be together.

TIDAK BEGITU SUSAH!

① More about saying 'no'.

There are different ways to say 'no' in Indonesian depending upon the situation. In frame 9, where Wahyu asks Nurita **sudah punya pacar?**, notice that she answers with **belum**. **Tidak** would be too definite, almost indicating that she would never want a **pacar**.

Bukan is often used to say that a whole situation is not true. For example, in frame 11 Imam says:

> **Kelihatannya mereka sedang pacaran – bukan beli es krim!!**
> It looks like they are getting friendly – not buying ice cream!!

The use of **bukan** rather than **tidak** here gives this sentence a different sense. If Imam had said **tidak beli es krim**, it would suggest that the others still might be buying something, even if not **es krim**. By using **bukan**, Imam stresses the point that the others haven't in fact been doing any buying at all!

TIDAK BEGITU SUSAH!

2 Passive type 2 sentences: when the actor is you or me!

You have already been using the passive sentence structure where the object comes at the beginning of the sentence, and the verb is in the **di**-form. Now there is another type of passive sentence to look at. This one is used when the actor is me or you, i.e. the actor is the 1st or 2nd person.

Look at these passive type 2 sentences from the photo-story and notice where the **actor**, **verb** and **object** are:

Yeyen:	**Mau juga, tetapi ibuku harus aku tanya dulu, ya!**
	I want to, too, but I have to ask my mum first, OK!
Hendri:	**Bagaimana kalau anak catur ini aku taruh di sini?**
	What if I move the chess piece here?

This is the passive type 2 pattern:

> **object** (+ extras) + **actor** + **base verb** (with any suffixes still attached)

Here is an **active** sentence:
Saya akan membaca surat cinta itu.
I will read that love letter.

Check that you know the different parts of the sentence.
1. Who is the actor?   **saya** = I
2. What is the verb?   **membaca** = to read
3. What is the object?   **surat cinta itu** = that love letter

This is the above sentence in the **passive type 2** form.
Surat cinta itu akan saya baca.
That love letter, I will read.

HATI-HATI!

Note that the actor comes **immediately before** the verb and any verb prefixes have been dropped.

Follow these steps to rewrite active sentences into passive type 2 ones!

Active sentence

| **Saya** | **akan** | **membaca** | **surat cinta itu.** |
| (actor) | | (verb) | (object) |

1 Double-check that the actor is you, us or me (1st or 2nd person).

Saya = me (1st person).

2 Move the object to the front of the phrase or sentence.

<u>Surat cinta itu</u> saya akan membaca.

3 Make the actor come just before the verb, without anything else in-between.

akan
Surat cinta itu <u>saya</u> membaca.

4 Place any extras like: **harus, mau, akan, yang** before the actor.

Surat cinta itu <u>akan</u> saya membaca.

5 Now chop off any prefix from the verb (but leave the suffixes!).

Passive sentence
mem
Surat cinta itu akan saya <u>baca</u>.

LANGKAH 8

You, me, him or her? Kamu, aku, dia or doi?

Doi is a popular new word for he/she, when talking about a **pacar** or close friend of a similar age. You will see **doi** used a lot in modern teenage magazines and it's quite trendy – just don't use it when you're talking to your grandpa!

In Indonesian there are a lot of different words used for 'you', 'me', and 'he/she', depending upon the situation. It's important for you to know which one should be used in which situation. Here's a summary.

I, me, my	saya aku (-ku) gue	for general use used among very close friends and family and your **pacar** slang use only
you, your	saudara anda kamu (-mu) engkau (-kau) lu	used in very formal situations for general use, especially when you don't know someone commonly used among close friends, your **pacar** etc. but not to someone older rarely used now, only with people you know really well slang use only
he/she, his/her	dia (-nya) doi	for general use when talking specifically about a **pacar** or close friend

 Making abstract nouns: Ke-an nouns

You may have noticed the word **kemungkinan** meaning 'a possibility' in frame 9 of the photo-story. You can probably see it comes from the base word **mungkin** meaning 'possible'. **Ke-an** nouns can have base words that are nouns, adjectives or verbs. With these words the trick is to look for the base word.

> **Ke-an** can make words into **abstract nouns**.

Others you already know are:

ke-an word	base word (meaning)	ke-an meaning
kebaikan	**baik** (good)	kindness
keadaan	**ada** (to exist)	a situation
kelihatan	**lihat** (to see)	appearance

Hati-hati! Ketahuan in this chapter is not an abstract noun but shows the **accidental ke-an** function, so **ketahuan** means to accidentally find out.

 Doubling up! Jalan-jalan dan ngobrol-ngobrol

Often in Indonesian there is doubling up of words. This can mean that the original concept or word has a more casual feel to it. Look at these examples. The first three are from the photo-story:

jalan-jalan	to go for a walk (not to anywhere in particular)
ngobrol-ngobrol	to have a chat (not about anything in particular)
kapan-kapan	whenever (no time in particular)
duduk-duduk	to sit around
melihat-lihat	to look about, to browse

LANGKAH 8

KATA-KATA BARU

PLAYING CHESS

anak catur	chess pieces
catur	chess
curang	cheating
kalah	to lose
main catur	to play chess
menang	to win

KE-AN NOUNS

keadaan (ada)	a situation
kebaikan (baik)	kindness
kelihatan (lihat)	appearance
kemungkinan (mungkin)	a possibility

LOVE WORDS

berdua saja	just the two of us
cinta	love
grogi	nervous, but happy
kekasih (kasih)	sweetheart
ketahuan (tahu)	to be found out, *here:* sprung
mencintai (cinta)	to love someone
pacar	boyfriend/girlfriend
pacaran (pacar)	to be going out together as girlfriend/boyfriend (casual)
sama	with
sayang	love, sorry, care
sudah punya pacar?	have you already got a boy/girlfriend?
tenang	peaceful

OTHER WORDS

belikan (beli)	to buy for someone else
dompet	wallet
jalan-jalan	to go for a walk
janji	promise, plans
kapan-kapan	whenever
memberikan (beri)	to give something
mengajak (ajak)	to invite, to ask along
mirip	to look like, to resemble
ngobrol-ngobrol	to chat
pipi	cheeks
semut	ant
serakah	greedy
tambah dekat	getting closer
taruh	to put, to place
tertawa terus	to keep laughing
terus terang	to speak openly and honestly
tenang	peaceful
tersenyum	to smile
wajah	face

LANGKAH 8

KOSA KATA Bahasa Indonesia/Bahasa Inggris

LIST OF SLANG EXPRESSIONS

aja (saja) just
banget (sangat/sekali) very
belom (belum) not yet
cakep (cakap/ganteng) good-looking
cewek girl, 'chick'
cowok guy, bloke
…deh? (…ya?) all right, okay?
deket (dekat) close
doi (dia) he/she (loved one)
dong (-lah) *word that softens what you say*
emailin (kirim e-mail) to send email
emang (memang) indeed, of course
gimana nih? (bagaimana ini?) what about this?
gue (aku/saya) I, me, my
hepi (senang) happy
ia (dia) he/she
kalo (kalau) if/when
ketemu (bertemu) to meet
lho …hey? eh?!
lu (kamu) you
ngangis (mengangis) to cry
nggak (tidak) no, not
nulis (tulis) to write
nyantai (santai) relax
nyantai aja dong! just chill out!
oke-oke OK, OK
segini saja dulu That's all for now
sebenernya (sebenarnya) actually
seneng (senang) happy
sohib (sahabat) best friend
taon (tahun) years
tau (tahu) to know
temen (teman) friend
udah (sudah) already

Note: footnotes have not been reproduced in this wordlist since they are not meant to be learnt actively.

A

abstrak abstract
ada apa? what's up?
adalah is
adik-adik term of address for someone younger
adonan batter
aduk stir, mix
Afrika Africa
  orang Afrika African
ahli a highly trained expert
  ahli komputer a computer expert
  ahli sejarah historian
air water
akhirnya (akhir) finally
akrobat acrobat

akting(nya) (the) acting
aktor actor
  aktor-aktor(nya) (the) actors
aku (-ku) I, me, my (very casual)
alasan reason
alternatif alternative
alu pestle
Amerika America
  orang Amerika American
anda you (formal)
aneh strange, weird
angklung musical instrument
apa saya bilang? what did I tell you?
apa yang akan terjadi? what will happen?
apalagi especially, what's more…
api fire
apotek chemist
artikel article
asal as long as
asam sour
asin salty
asmara love
astaga! oh my God!
asyik fantastic
Australia Australia
  orang Australia Australian
ayam goreng fried chicken

B

badan body
  saya tidak enak badan! I don't feel well!
bagaimana caranya? how will we do it?
bagaimana dengan ini? how about this one?
bahan-bahan ingredients
bahwa that
baik hati kind
baiklah! (baik) OK!
bakso meatball soup (popular snack)
bandel disobedient, stubborn
bangun to wake up
bantal pillow
bantuan (bantu) help, assistance
banyak aksi action-packed
batik cloth designed with hot wax and dye
batu stone, gem
baunya harum it smells good
bawang onion
  bawang merah shallots
  bawang putih garlic
bayar to pay for
begini like this
begitu like that
  oh, begitu, ya! oh really? is it like that?
belikan (beli) to buy for someone else
belum no, not yet
berani brave
berantakan messy, untidy
berapa? how much/many?
  berapa lama? how long? (time)
beras uncooked rice

berasal dari to come from (originally)
berbelanja to go shopping
berbicara (bicara) to speak
  berbicara kasar to swear
  berbicara dengan keras to talk loudly
berdua saja just the two of us
berharga (harga) valuable
berhasil (hasil) to be successful
berikut(nya) (the) following…
beristirahat to have a rest
berkata (kata) to say
berkualitas… to be of…quality
  berkualitas terbaik the best quality
  berkualitas tinggi of high quality
berlari (lari) to run
bermain (main) to play
bermimpi (mimpi) to dream
bersama-sama all together
bersemangat lively, revved up
bersihkan (bersih) clean it
bertanding to compete
bertemu to meet
berteriak (teriak) to shout
berwarna-warni colourful
bicara to speak
bilang to say
bingung confused
bintang star, horoscope
  bintang film(nya) (the) stars/actors
biografi biography
bioskop cinema
bodoh stupid, silly
bohong lies
  berbohong to tell lies
boleh may
  boleh juga yeah, all right
  boleh minta? may (I) have?
bukan no (for things/people)
  bukan hanya it's not only…
  bukan main adjective + -nya! how…is that!
  bukan…melainkan… it's not that…, it's… (when discussing opposites)
bulan month or moon
buletin bulletin, newsletter
bumbu spices

C

cabai chilli
cabe chilli (popular spelling)
  cabe merah red chilli
campurkan (campur) mix it
cangkir cup
canting batik drawing tool
cap metal stamp for batik
cape exhausted
cara method
  cara membuat(nya) (the) method
carilah (cari) look for it; search for…
catur chess
  anak catur chess piece
  bermain catur to play chess
cemburu jealous
cepat fast

KOSA KATA Bahasa Indonesia/Bahasa Inggris

cerdas intelligent
cerewet fussy, talkative
cerita(nya) (the) plot/story
Cina China
  orang Cina Chinese
cincin a ring
cinta love
coba yang ini try this/that one
cobek mortar
cocok suitable, suited to
  tidak (begitu) cocok not (really)
  suitable
coklat chocolate
cucilah (cuci) wash (it)
cukup enough
curang cheating

D

daerah area, region
daging meat
daripada than
daun bawang spring onion
deg-degan to be pounding (*a heart
  pounding*)
demam asmara love-sick
demam cinta love-sick
diaduk (aduk) to be stirred
dia (-nya) he/she, his/her (*general*)
dibersihkan (bersih) to be cleaned
dibuat (buat) to be made
dibuka (buka) to be taken
  off/opened
dicari (cari) to be wanted
didaur-ulang to be recycled
didengar (dengar) to listen to (*passive*)
digoreng (goreng) to be fried
dihabiskan (habis) to be finished up
dijauhi (jauh) to be far away from
dikembalikan (kembali) to be
  returned to…
dikumpulkan (kumpul) to be
  collected
dilarang (larang) to be forbidden
dilindungi (lindung) to be protected
dilukis (lukis) to be painted
dimasak (masak) to be cooked
diminum (minum) to be drunk by
dipecahkan (pecah) to be
  broken/smashed
diputar (putar) to show (films only,
  lit: to be turned)
diselesaikan (selesai) to be finished
ditawarkan (tawar) to be offered
ditebang (tebang) to be chopped
  down
ditulis (tulis) to be drawn/designed
diukir (ukir) to be carved
dokter doctor
  dokter hewan vet
dompet wallet
dosen lecturer
duduk-duduk to sit around
dukun traditional healer
dulu prior, before, first
  permisi dulu please excuse me,
  I've got to go now
  sekian dulu I've got to go now
  (*at end of letter*)

dunia the world
  di seluruh dunia in the whole
  world

E

efektif effective
emas gold
enak delicious
  enak untuk didengar nice to listen
  to (*passive*)
engkau (-kau) you, your (*very
  casual*)

F

favorit favourite
film(nya) (the) film, movie
  film aksi action film
  film drama dramatic movie
  film fiksi ilmiah science fiction film
  film horor horror movie
  film komedi comedy
  film romantis romantic movie
foto photograph
funky funky

G

gado-gado gado-gado (vegetable
  salad with peanut sauce)
gambar(nya) (the) pictures/visuals
gamelan traditional Indonesian
  percussion orchestra
garam salt
garpu fork
gaya style
gorenglah (goreng) fry it
grogi nervous but happy
gula sugar
gurih deliciously salty and oily
guru teacher

H

habiskan (habis) to use up
hadiah a present
halal food prepared under Muslim
  religious law
halaman playground, yard; page
halus refined, smooth, elegant
hancurkan (hancur) crush it
hapus delete (*computer*)
harum sweet-smelling, fragrant
haruskah? should we? must we?
hiaslah (hias) decorate it
hidangkan (hidang) serve (it)
hutan jungle, forest
  hutan penghujan rainforest

I

ikat traditional woven cloth
indah beautiful (*of things*)
Indonesia Indonesia
  orang Indonesia Indonesian
ingat to remember
Inggris England
  orang Inggris English
ingin to wish for, to desire
Italia Italy
  orang Italia Italian

J

jadi so
jahat nasty, awful
jalan-jalan to go for a walk
jam karet rubber time
jam tangan wrist watch
jamu traditional herbal medicine
  penjual jamu jamu seller
jangan don't
janji plans, promise
jelek horrible
jendela window
Jepang Japan
  orang Jepang Japanese
jerawat pimples
Jerman Germany
  orang Jerman German
judul title
jujur honest
jumlah the sum total
juru a professional
  juru tulis a writer (= **penulis**)

K

kadang-kadang sometimes
kain cloth
kain batik batik cloth (*traditionally
  worn by women*)
kalah to lose
kali times
kalian you/all of you
kami we, us (*excluding the listener*)
kamu (-mu) you, your (*own age
  only*)
kan short for **bukan**
kantin canteen, snack shop
kantor pemerintah government
  office
kapan-kapan whenever, one day
karcis ticket
kari curry
  kari ayam chicken curry
karir career
kasihan sekali what a pity
kaus T-shirt, top
kayu wood
keadaan (ada) a situation
kebaikan (baik) kindness
kebangsaan (bangsa) nationality
kebanjiran (banjir) to be flooded
kecantikan beauty, attractiveness
kecap soy sauce
  kecap asin salty soy sauce
  kecap manis sweet soy sauce
kecuali except
kecurian (curi) to be robbed
kedinginan (dingin) to be freezing
  cold
kehabisan (habis) to run out of
  something
kehausan (haus) to be really thirsty
kehilangan (hilang) to lose
  something
Kek grandfather (*short for* **kakek**)
kekasih (kasih) sweetheart
kelaparan (lapar) to be starving
kelihatannya (lihat) it looks…
kemasan packaging

KOSA KATA Bahasa Indonesia/Bahasa Inggris

kembali go back, return *(computer)*
kemudian then, later
kemungkinan (mungkin) a possibility
kentang goreng chips
kenyang to be satisfied (full)
  sudah kenyang? have you eaten enough?
kepanasan (panas) to get too hot
kepedulian (peduli) caring
kepribadian personality
keras hard, heavy
  dengan keras really thoroughly/hard
  jangan keras-keras! not too loud!
keren cool, great
  itu baru keren that's cool!
keris traditional dagger
kesenian art
ketahuan (tahu) to be found out
ketakutan (takut) to be terrified
ketimun cucumber
ketinggalan (tinggal) to get left behind
khusus special
kira to think, to reckon
kira-kira approximately, about
kita we, us *(including the listener)*
klik click on *(computer)*
kompor stove, ring burner
konsentrasi to concentrate
Koran holy book of Islam
kota city
kotor dirty
krupuk (prawn) crackers
kuatir to worry
kue-kue cakes
kuis quiz
kulit skin, leather
kupaslah (kupas) peel it
kurang not enough
kurang dari less than
kursi chair

L

lalu then
lama long (time)
langit sky
langkah chapter, square, step
langsung directly, straight away
lemah weak
letakan (letak) place it
lezat delicious
liar wild
lihatlah (lihat) look at this
lingkungan (lingkung) the environment
lirik(nya) (the) lyrics
loket ticket box
lombok large chilli
luangkan waktu to spend time
luar biasa unreal, extraordinary
lucu funny, cute
lukisan a painting

M

maaf sorry
mahal expensive

main play
  kamu main-main saja! you're just being silly!
majalah magazine
maju to go forward/progress
makanan kecil snacks
makanan pedas spicy, hot food
makin the more…
  makin lama makin the more time goes on, the more…
malam night; wax
mangga mango
mangkuk bowl
manis sweet
mantra a special blessing/prayer
manusia humans, people, humanity
mari… let's…
Mas term of address for young males
masa depan the future
  di masa depan in the future
masak cook; cooked *(of food)*; ripe
masakan (masak) cooked food, the prepared dish
masakkan (masak) cook it (for someone)
masalah a problem
masuk angin to catch a chill, to feel feverish
masukkan (masuk) put (it) in
Mbak term of address for young females
mebel furniture
meja table
melainkan it's just that…
melakukan (laku) to do, to carry out
melayani to serve (repeatedly)
meletakkan (letak) to put, to place
meletus (letus) to explode, to burst
melihat-lihat (lihat) to look about, to browse
melukis (lukis) to paint
memang truly
memasak (masak) to cook something
membalas (balas) to reply
membangun (bangun) to build
membangunkan (bangun) to wake someone up
membantu (bantu) to help
membelikan (beli) to buy for someone else
  kamu bisa membelikan saya can you buy me some…?
  saya akan membelikan kamu I'll buy you some…
memberikan (beri) to give something
membersihkan (bersih) to make it clean
membesarkan (besar) to make it bigger, enlarge
membingungkan (bingung) confusing
membintangi (bintang) to star in…
membosankan (bosan) to be boring
membuat (buat) to make
membuka (buka) to open, to take off

memecahkan (pecah) to smash, break; to solve
memerlukan (perlu) to need
memilih (pilih) to choose
memotong (potong) to cut, to chop
mempunyai (punya) to have something
memuaskan (puas) satisfying
menaburkan (tabur) to sprinkle
menakutkan (takut) frightening
menambahkan (tambah) to add to
menang to win
menari (tari) to dance *(traditional-style)*
menarik (tarik) interesting
menaruh (taruh) to put
mencicipi (cipip) to taste
mencintai (cinta) to love someone
mencuci (cuci) to wash something
mendaur-ulang to recycle
mendekati (dekat) to approach something.
mendengarkan (dengar) to listen to
menebang (tebang) to chop down
menerima (terima) to accept, to receive
mengadakan (ada) to arrange, to hold (a party)
mengandang to look at, view
mengajak (ajak) to invite, to ask along
mengapa? why?
mengasyikkan (asyik) fascinating
mengerjakan (kerja) to do, to work
  mengerjakan p.r. to do homework
mengerti to understand
menggembirakan to make happy, to enjoy
menggunakan (guna) to use
menghasilkan (hasil) to produce
mengirimkan (kirim) to send
mengukir (ukir) to carve
mengunjungi (kunjung) to visit
mengupas (kupas) to peel
menikah (nikah) to be married
menjadi (jadi) to become
menjaga (jaga) to guard, to look after
menjatuhkan (jatuh) to drop something
menjelajahi (jelajah) to explore
menjelaskan (jelas) to explain, to make clear
menjuali (jual) to sell *(repeatedly)*
menonton (tonton) to watch *(a film, TV etc.)*
menulis (tulis) to write, to draw *(for batik)*
menunggu (tunggu) to wait
menurut according to
menurut pendapat saya in my opinion
menyanyi (nyanyi) to sing
menyapa (sapa) to say hi to
menyelesaikan (selesai) to finish something
menyenangkan (senang) fun, enjoyable
merasa (rasa) to feel

mereka they, them
merokok (rokok) to smoke
meskipun although, despite the fact
mie goreng fried noodles
minta maaf oh, I'm sorry
minum obat to take medicine
minyak goreng cooking oil
mirip to look like, to resemble
modern modern
mual nauseous, feeling sick
mudah-mudahan hopefully
mulai to start
mundur to go back
muntah to vomit
murah inexpensive
museum museum
musik music
musisi(nya) (the) musican

N

Nak term for younger person *(short for anak)*
nama lengkap full name
nama panggilan given name *(or nickname, the name your friends and family use)*
namun however
nasi goreng fried rice
nasi putih cooked white rice
nasihat advice
negara country, nation
negara bagian state
Nek grandma *(short for nenek)*
ngobrol-ngobrol to chat casually
nyanyi sing

O

obat medicine/pills
oksigen oxygen
olahragawan athlete, sportsperson
oleh karena itu for that reason
oleh-oleh souvenir
orang + country nationality
orang hutan orang-utan
orang Indonesia Indonesian
orangtua parents

P

pabrik(nya) (the) factory
pacar boyfriend/girlfriend
pacaran (pacar) to go out together as girlfriend/boyfriend *(casual)*
paling the most
  paling sedikit at least
pameran exhibition
panaskan (panas) heat it
panci saucepan
pandai clever
para penonton viewers, audience
pas perfect
pasti sure; definitely, certainly
  saya kurang pasti I'm not so sure
  jangan terlalu pasti don't be so sure
  saya belum pasti I'm not sure yet
patah to break (a bone)
patung statue
pecah broken; smashed
pedagang a trader, importer/exporter

pedas spicy, hot
pe-de self-confident (= **percaya diri**)
peduli to care
pegawai employee, office worker
pejalan (jalan) walker/traveller
pekerja (kerja) worker
pekerjaan (kerja) job, occupation
pelayan toko shop assistant
pelukis (lukis) painter
pemain (main) player, actor
pemalas (malas) lazy (person)
pemalu (malu) shy (person)
pemandangan (mandang) the view, scenery
pemarah (marah) bad-tempered (person)
pemasak (masak) chef
pembaca acara TV television presenter
pembantu (bantu) maid
pemberani (berani) brave (person)
pemerintah (perintah) government
pendapat (dapat) opinion
pendiam (diam) quiet (person)
penduduk (duduk) population
penjaga kebun binatang zoo-keeper
penjelasan (jelas) explanation
penjual (jual) a seller
penulis (tulis) writer
penyanyi (nyanyi) singer
per orang per person
peragawan/-wati model *(male/female)*
perak silver
Perancis France
  orang Perancis French
perasaan (rasa) feelings
perawat nurse
percakapan (cakap) a conversation
percaya diri self-confident
percayalah! believe me!
perhatikanlah (hati) pay attention to this
perhiasan (hias) jewellery
perjalanan (jalan) a journey
perlu need
permisi excuse me, please
pernah ever
  tidak pernah never
perpustakaan (pustaka) library
pertandingan a competition, match
pertandingan olahraga sports match
pertanyaan (tanya) a question
perusahaan (usaha) company
perut saya sakit my stomach hurts
pesan a message
petenis (tenis) tennis player
pikiran (pikir) a thought
pilih to choose *(casual)*
  sudah pilih atau belum? have you chosen one yet, or not?
pindah to move locations
pinjam to borrow
pintu door
pipi cheeks
piring shallow bowl/plate
pisang goreng fried bananas

polusi pollution
porsi portion, serve
posyandu family planning and baby health clinic
potonglah (potong) cut (it)
pucat pale
punah extinct
pusing dizzy, tension-headache
puskesmas a local health clinic
pustakawan librarian

R

rajin diligent, hard-working
ramah friendly
rapi neat
rasanya (rasa) its flavour
rata smooth, even
realistis realistic
  kurang realitis unrealistic
rendang dry meat curry
rindu to miss someone/something
riset research
ruang kelas classroom
ruang tamu guest/entertaining room
rumah sakit hospital

S

sabar patient
sahabat best friend
sakit pain, sick, ache
  sakit apa? what hurts?
  saya sakit I'm feeling sick/unwell/a bit off-colour *(very general)*
  sakit flu sick with the flu
  sakit kepala headache
  sakit perut stomachache
salah satu one of the only…
  salah satu jalan one of the ways
  salah satu…terbaik one of the best…
salam best wishes, regards
  salam hangat warm wishes
sama with
  sama sekali at all
sambal chilli sauce, crushed chilli
sampai until
  sampai begini become like this
  sampai saat ini until now
santai relaxed, easy-going
sarjana academic
sate satay
saudara you, your *(very formal)*
saya I, me, my *(general use)*
sayang sorry, it's unfortunate; love, care
sebab effect
sebagian a piece (of)
sebatang one (cylindrical) thing
sebelum before
sebenarnya (benar) actually
sebentar just a moment
  ke sini sebentar come here a minute
sebiji one *(small, round)* thing
sebuah one thing *(general)*
sebungkus a packet (of)
sebutir one *(round thing, e.g. egg)*
secukupnya (cukup) as much as needed

sedang (in the process of) doing
sedap delicious
sedih sad, feeling down
sedikit a bit
  sedikitpun! even a little bit!
sehat healthy
sehingga so that *(as an unintended result)*; until
selalu always
selama for as long as
  selama…menit for…minutes
selamat happy, congratulations
  selamat berbahagia congratulations, wishes of happiness
  selamat makan! enjoy the meal!
selanjutnya (lanjut) after that, following on; later on
selebriti celebrity
selendang traditional sash/shawl worn with batik
selesai to finish
seluruh all of…
  di seluruh dunia in the whole world
semua all of them
  semuanya all of it, the whole lot
semut ant
sendok spoon
  sendok makan tablespoon
seniman artist
sensitif sensitive
sepanjang malam all night long
sepatu shoes
sepotong a slice (of)
serakah greedy
sesudah after
setengah half
setiap every
setibanya (tiba) on arrival, to arrive
setuju to agree
sial! damn!; unlucky
sialan! damn!
siap ready
sifat characteristic
silakan please, be my guest
  silakan duduk please have a seat
  silakan makan please have something to eat
  silakan masuk please come in
sisakan (sisa) to leave a bit
situs site *(Internet)*
sombong arrogant, snobby
sopan polite
soto chicken soup
spesial efek(nya) (the) special effects
sportif sporty
sudah already
  sudahlah that's enough!, get over it!
  sudah cukup already enough
  sudah ini saja! just (get) this one!
  sudah sampai di we're at the…
sungai river
supaya so that *(something would happen deliberately)*
surat kabar newspaper

T

tadi a while ago, just before
  tadi malam last night
  tadi saya menelepon… I just telephoned…
tahu to know; tofu
tak no, not *(short for* **tidak***, casual)*
taman park
  taman nasional national park
tambahkan (tambah) add (it)
  tambah lagi! please have some more!
tapi but *(short for* **tetapi***)*
taruh to put, to place
tegang suspense
tekan 'enter' press 'enter' *(computer)*
telur egg
teman baik good friend
tembikar pottery
tempat parkir parking lot, carpark
tenang peaceful
tensi tension
tentang about, concerning
tentu saja tidak! of course not!
tepung flour
terancam punah almost extinct
terbagus (bagus) the greatest
terbaik (baik) the best
terbakar (bakar) to burn down accidentally
terbangun (bangun) to wake up by surprise
terbuat (buat) is made from
terbuka (buka) is open
tercinta (cinta) the most loved
terima kasih atas nasihat kamu! thanks for your advice!
terjadi (jadi) to have happened
terjatuh (jatuh) to fall accidentally
terkenal to be well known/famous
terlalu too (much)
  terlalu keras too heavy, hard
  terlalu panjang too long
terlambat (lambat) to be late
tersebut was mentioned
tersenyum to smile
tertawa (tawa) to laugh
  tertawa terus to keep laughing
tertidur (tidur) to accidentally fall asleep
tertinggi (tinggi) the tallest
tertulis (tulis) to be written
tertutup (is) shut
terus terang to speak openly and honestly
tetap remain, persist
tetapi juga but also
tiba-tiba saja all of a sudden
tidak no *(for actions, adjectives, adverbs)*
  tidak apa-apa it doesn't matter
  tidak usah there's no need
tidur dengan pulas sleep soundly, to have a deep sleep
tidur siang afternoon nap
tikus mouse

tinggal to be left, to remain; to live
  tinggal dua sendok lagi! only two spoonfuls left!
  meninggal to die
  meninggalkan to leave somewhere
toko seni art shop
tolong help
tomat tomato
tonton watch
  menonton to watch
  ditonton to be seen/watched *(passive)*
topeng a mask
tradisional traditional
tugas assignment, task
tukang tradesperson, skilled labourer
  tukang becak becak driver
  tukang sate satay seller
tulis write
tunggu wait
TVRI (Televisi Republik Indonesia) Indonesia's national TV station

U

ukiran a carving
uang money
ujian test, exam
  lulus to pass
  gagal to fail
untung lucky

W

wajah face
wajan wok, frying pan
walaupun although
warnet Internet café (= **warung internet**)
wartawan journalist
warung street stall/small cafe
wayang golek wooden puppet
wayang kulit shadow puppet
wortel carrot

Y

yang
  yang akan datang which will come; in the future
  yang benar? is that true?
  yang lainnya other ones
  yang mana? which one?
  yang pertama firstly
  yang kedua secondly
  yang terbaik the best

Z

zodiak zodiac, horoscope

KOSA KATA

KOSA KATA English/Indonesian

A

about, approximately kira-kira
about, concerning tentang
abstract abstrak
academic (profession) sarjana
to accept, to receive menerima (terima)
according to menurut
acrobat akrobat
acting akting
action film film aksi
action-packed banyak aksi
actor aktor
actor, player pemain (main)
actually sebenarnya (benar)
add (it) tambahkan (tambah)
  to add to menambahkan (tambah)
advice nasihat
Africa Afrika
  African orang Afrika
after that, following on; later on
  selanjutnya (lanjut)
after sesudah, setelah
agree
  to agree setuju
all
  all of it, the whole lot semuanya
  all of them semua
  all of… seluruh
  at all sama sekali
  already sudah
alternative alternatif
although walaupun; meskipun
always selalu
America Amerika
  American orang Amerika
ant semut
approach
  to approach something mendekati
  (dekat)
approximately, about kira-kira
area, region daerah
arrange
  to arrange, to hold (a party)
  mengadakan (ada)
arrival
  on arrival, to arrive setibanya (tiba)
arrogant, snobby sombong
art kesenian
  art shop toko seni
article artikel
artist seniman
assignment, task tugas
athlete, sportsperson olahragawan
attention
  pay attention to this perhatikanlah
  (hati)
audience para penonton
Australia Australia
  Australian orang Australia
awful, nasty jahat

B

bad-tempered (person) pemarah
  (marah)
batter adonan
beautiful (of things) indah;
  (of people) cantik
beauty, attractiveness kecantikan
to become menjadi (jadi)
before sebelum; (first) dulu
believe me! percayalah!
best
  the best terbaik (baik)
  best friend sahabat
  best wishes, regards salam,
  salam hangat
big
  to make it bigger, enlarge
  membesarkan (besar)
biography biografi
bit
  a bit sedikit
  even a little bit! sedikitpun!
body badan
bored bosan
  to be boring membosankan (bosan)
borrow
  to borrow pinjam
bowl mangkuk
boyfriend/girlfriend pacar
  to go out together as
  girlfriend/boyfriend pacaran (pacar)
  (casual)
brave berani
  brave (person) pemberani (berani)
break
  to break (a bone) patah
  to smash, break; to solve
  memecahkan (pecah)
  to be broken/smashed dipecahkan
  (pecah)
  broken, smashed pecah
browse
  to browse, to look about melihat-
  lihat (lihat)
build
  to build membangun (bangun)
bulletin, newsletter buletin
burn
  to burn down accidentally terbakar
  (bakar)
burst
  to explode, to burst meletus (letus)
but tetapi, tapi
  but also tetapi juga
buy
  buy for someone else belikan (beli)
  to buy for someone else
  membelikan (beli)
  can you buy me some…? kamu bisa
  membelikan saya
  I'll buy you some… saya akan
  membelikan kamu

C

cakes kue-kue
canteen, snack shop kantin

care
  to care peduli
  caring kepedulian (peduli)
career karir
carrot wortel
carve
  to be carved diukir (ukir)
  to carve mengukir (ukir)
  carving ukiran
celebrity selebriti
chair kursi
chapter, square, step langkah
characteristic sifat
chat
  to chat bercakap-cakap
  to chat casually ngobrol-ngobrol
cheap murah
cheat curang
cheeks pipi
chef pemasak (masak)
chemist apotek
chess catur
  chess piece anak catur
  to play chess bermain catur
chill
  to catch a chill, to feel feverish
  masuk angin
chilli cabai, cabe
  red chilli cabe merah
  chilli sauce, crushed chilli sambal
  large chilli lombok
China Cina
  Chinese orang Cina
chips kentang goreng
chocolate coklat
choose
  to choose (casual) pilih
  to choose memilih (pilih)
  have you chosen one yet, or not?
  sudah pilih atau belum?
chop
  to be chopped down ditebang
  (tebang)
  to chop down menebang (tebang)
  to cut, to chop memotong (potong)
cinema bioskop
city kota
classroom ruang kelas
clean it bersihkan (bersih)
  to be cleaned dibersihkan (bersih)
  to make it clean membersihkan
  (bersih)
clever pandai
click on klik (computer)
cloth kain
cold
  to be freezing cold kedinginan
  (dingin)
collect
  to be collected dikumpulkan (kumpul)
colourful berwarna-warni
come datang
  to come from (originally) berasal dari

KOSA KATA

KOSA KATA   English/Indonesian

comedy (film)   (film) komedi
company   perusahaan (usaha)
compete
  to compete   bertanding
competition, match   pertandingan
concentrate
  to concentrate   konsentrasi
confused   bingung
  confusing   membingungkan (bingung)
congratulations   selamat
  congratulations, wishes of
  happiness   selamat berbahagia
conversation   percakapan (cakap)
cook it (for someone)   masakkan (masak)
  to be cooked   dimasak (masak)
  to cook something   memasak (masak)
  cook; cooked (of food)   masak
  cooked food, the prepared dish
  masakan (masak)
cool, great   keren
  that's cool!   itu baru keren
country, nation   negara
of course   tentu saja!
  of course not!   tentu saja tidak!
crush it   hancurkan (hancur)
cucumber   ketimun
cup   cangkir
curry   kari
  chicken curry   kari ayam
cut (it)   potonglah (potong)
  to cut, to chop   memotong (potong)

D

damn!   sial!; sialan!
dance
  to dance   menari (tari) (traditional-style)
decorate it   hiaslah (hias)
definitely, certainly   pasti
delete   hapus (computer)
delicious   enak, lezat, sedap
die
  to die   meninggal
directly, straight away   langsung
dirty   kotor
disobedient, stubborn   bandel
dizzy   pusing
do
  (in the process of) doing   sedang
  to do, to carry out   melakukan (laku)
  to do, to work   mengerjakan (kerja)
doctor   dokter
don't   jangan
door   pintu
dramatic movie   film drama
draw
  to be drawn/designed   ditulis (tulis)
dream
  to dream   bermimpi (mimpi)
drink
  to be drunk by   diminum (minum)
to drop something   menjatuhkan (jatuh)

E

easy-going, relaxed   santai
effect   sebab
effective   efektif
egg   telur
elegant, refined   halus
employee, office worker   pegawai
England   Inggris
  English   orang Inggris
enjoy
  enjoy the meal!   selamat makan!
  to make happy, to enjoy
  menggembirakan
enough   cukup
  have you eaten enough?   sudah kenyang?
  not enough   kurang
  that's enough!, get over it!   sudahlah
  already enough   sudah cukup
environment   lingkungan (lingkung)
especially, what's more…   apalagi
ever   pernah
every   setiap
exam, test   ujian
except   kecuali
excuse me, please   permisi
  please excuse me, I've got to go now   permisi dulu
exhausted   cape
exhibition   pameran
expensive   mahal
expert
  a highly trained expert   ahli
  a computer expert   ahli komputer
explain
  to explain, to make clear   menjelaskan (jelas)
  explanation   penjelasan (jelas)
explode
  to explode, to burst   meletus (letus)
explore
  to explore   menjelajahi (jelajah)
extinct   punah
  almost extinct   terancam punah
extraordinary, unreal   luar biasa

F

face   wajah
factory   pabrik(nya)
to fail (an exam)   gagal
to fall accidentally   terjatuh (jatuh)
famous
  to be well known/famous   terkenal
fantastic   asyik
far   jauh
  to be far away from   dijauhi (jauh)
fascinating   mengasyikkan (asyik)
fast   cepat
favourite   favorit

feel
  to feel   merasa (rasa)
  feelings   perasaan (rasa)
film, movie   film
finally   akhirnya (akhir)
find out
  to be found out   ketahuan (tahu)
finish
  to finish   selesai
  to finish something   menyelesaikan (selesai)
  to be finished up   dihabiskan (habis)
  to be finished   diselesaikan (selesai)
fire   api
first   yang pertama
  prior, before, first(ly)   dulu
flavour
  its flavour   rasanya (rasa)
flood
  to be flooded   kebanjiran (banjir)
flour   tepung
flu
  sick with the flu   sakit flu
following
  (the) following…   …berikut(nya)
forbid
  to be forbidden   dilarang (larang)
forest   hutan
  rainforest   hutan penghujan
fork   garpu
forward
  to go forward   maju
France   Perancis
  French   orang Perancis
fried chicken   ayam goreng
friend   teman, kawan
  good friend   teman baik
  best friend   sahabat
  friendly   ramah
frightening, scary   menakutkan (takut)
fry it   gorenglah (goreng)
  fried bananas   pisang goreng
  to be fried   digoreng (goreng)
  frying pan   wajan
full   penuh
  to be satisfied, full   kenyang
  full name   nama lengkap
fun, enjoyable   menyenangkan (senang)
funny, cute   lucu
furniture   mebel
fussy, talkative   cerewet
future   masa depan
  in the future   di masa depan
  which will come; in the future   yang akan datang

G

garlic   bawang putih
Germany   Jerman
  German   orang Jerman
gift, present   hadiah

KOSA KATA English/Indonesian

girlfriend/boyfriend pacar
  to go out together as
  girlfriend/boyfriend pacaran (pacar)
  (casual)
give
  to give something memberikan (beri)
  given name nama panggilan
go back
  to go back mundur
  go back, return kembali
gold emas
government pemerintah (perintah)
  government office kantor pemerintah
grandfather kakek, Kek
grandma nenek, Nek
greatest, the greatest terbagus (bagus)
greedy serakah
guard
  to guard, to look after menjaga (jaga)
guest/entertaining room ruang tamu

H
half setengah
happen
  to have happened terjadi (jadi)
  what will happen? apa yang akan
  terjadi?
happy
  to make happy, to enjoy
  menggembirakan
  nervous but happy grogi
hard, loud keras
  really thoroughly/hard dengan keras
hard-working rajin
have
  to have something mempunyai
  (punya)
he/she, his/her dia (-nya) *(general use)*
headache sakit kepala
healthy sehat
heat it panaskan (panas)
help, assistance bantuan (bantu)
  to help membantu (bantu)
  help me please tolong
her/his, she/he dia (-nya) *(general use)*
herbal medicine jamu
hi hai
  to say hi to menyapa (sapa)
his/her, he/she dia (-nya) *(general use)*
historian ahli sejarah
homework pekerjaan rumah
  to do homework mengerjakan p.r.
honest jujur
hopefully mudah-mudahan
horoscope bintang; zodiak
horrible jelek
horror movie film horor
hospital rumah sakit
hot *(temperature)* panas; *(spicy)* pedas
  to get too hot kepanasan (panas)

how? bagaimana?
  how about this one? bagaimana
  dengan ini?
  how will we do it? bagaimana
  caranya?
  how…is that! bukan main *(adjective)*
  + -nya!
however namun
humans, people, humanity manusia
hurt
  what hurts? sakit apa?

I
I, me, my saya *(general use);* aku (-ku)
  (very casual)
Indonesia Indonesia
  Indonesian orang Indonesia
ingredients bahan-bahan
intelligent cerdas
interesting menarik (tarik)
Internet café warnet (= warung
  internet)
invite
  to invite, to ask along mengajak
is adalah; (is doing) sedang
Italy Italia
  Italian orang Italia

J
Japan Jepang
  Japanese orang Jepang
jealous cemburu
jewellery perhiasan (hias)
job, occupation pekerjaan (kerja)
journalist wartawan
journey perjalanan (jalan)
jungle, forest hutan
just saja
  just (get) this one! sudah ini saja!
  a while ago, just before tadi
  I just telephoned… tadi saya
  menelepon…
  it's just that… melainkan

K
kind baik hati
kindness kebaikan (baik)

L
late
  to be (accidentally) late terlambat
  (lambat)
later, then kemudian
laugh
  to laugh tertawa (tawa)
  to keep laughing tertawa terus
lazy (person) pemalas (malas)
least
  at least paling sedikit
leather, skin kulit

leave
  to leave somewhere meninggalkan
  to get left behind ketinggalan
  (tinggal)
  to be left, to remain tinggal
  only two spoonfuls left! tinggal
  dua sendok lagi!
  to leave a bit sisakan (sisa)
lecturer dosen
less than kurang dari
let's… mari…
library perpustakaan (pustaka)
  librarian pustakawan
lies bohong
  to tell lies berbohong
like that begitu
like this begini
listen
  to listen to mendengarkan
  to listen to didengar (dengar)
  (passive)
  nice to listen to enak untuk
  didengar *(passive)*
live
  to live tinggal
lively, revved up bersemangat
long (size) panjang
  too long terlalu panjang
long (time) lama
  how long? berapa lama?
  as long as asal
  for as long as selama
look
  look at this lihatlah (lihat)
  it looks… kelihatannya (lihat)
  to look about, to browse melihat-
  lihat (lihat)
  to look at, view memandang
  look for it; search for… carilah (cari)
  to look like, to resemble mirip
lose
  to lose something kehilangan (hilang)
  to lose (game etc.) kalah
loud, hard, keras
  not too loud! jangan keras-keras!
love cinta, asmara, sayang
  to love someone mencintai (cinta)
  love-sick demam asmara, demam cinta
  the most loved tercinta (cinta)
lucky untung
lyrics lirik(nya)

M
magazine majalah
make
  to make membuat (buat)
  is made from terbuat (buat)
  to be made dibuat (buat)
mango mangga
married menikah (nikah)
mask topeng

KOSA KATA English/Indonesian

matter
  it doesn't matter tidak apa-apa
may boleh
  may (I) have? boleh minta?
me, my saya *(general use)*; aku (-ku)
  (very casual)
meat daging
medicine/pills obat
  to take medicine minum obat
meet
  to meet bertemu
mentioned
  was mentioned tersebut
message pesan
messy, untidy berantakan
method cara
  (the) method cara membuat(nya)
minutes
  for...minutes selama...menit
miss
  to miss someone/something rindu
mix it campurkan (campur)
model *(male/female)* peragawan/-wati
modern modern
moment
  just a moment sebentar
  come here a moment ke sini sebentar
money uang
month, moon bulan
more
  the more... makin
  the more time goes on, the more...
   makin lama makin
mortar cobek
most
  the most paling
mouse tikus
move
  to move locations pindah
movie film
much
  how much/many? berapa?
  as much as needed secukupnya
   (cukup)
museum museum
music musik
  musican musisi(nya)
my saya *(general use)*; aku (-ku) *(very*
  casual)

N

nasty, awful jahat
nationality kebangsaan (bangsa);
  orang + country
nauseous, feeling sick mual
neat rapi
need perlu
  to need memerlukan (perlu)
  there's no need tidak usah
never tidak pernah
newspaper surat kabar
nickname nama panggilan

night malam
  all night long sepanjang malam
  last night tadi malam
no, not tidak *(for actions, adjectives*
   adverbs); bukan *(for things/people)*
  tak *(short for* tidak, *casual)*
  no, not yet belum
  it's not only... bukan hanya
  it's not that..., it's...
   bukan...melainkan... *(when*
   discussing opposites)
  oh no! oh my God! astaga!
noodles mie
  fried noodles mie goreng
nurse perawat

O

occupation, job pekerjaan (kerja)
offer
  to be offered ditawarkan (tawar)
oil
  cooking oil minyak goreng
  deliciously salty and oily gurih
OK! baiklah! (baik)
one
  one thing *(general)* sebuah
  one (cylindrical thing) sebatang
  one (round thing, e.g. egg) sebutir
  one (small, round thing) sebiji
  one of the only... salah satu
  one of the ways salah satu jalan
  one of the best... salah satu...terbaik
onion bawang
open
  is open terbuka (buka)
  to be taken off/opened dibuka (buka)
  to open, to take off membuka (buka)
opinion pendapat (dapat)
  in my opinion menurut pendapat
   saya
orang-utan orang hutan
other
  other ones yang lainnya
oxygen oksigen

P

packaging kemasan
  a packet *(of)* sebungkus
page halaman
paint
  to paint melukis (lukis)
  to be painted dilukis (lukis)
  painter pelukis (lukis)
  painting lukisan
pale pucat
parents orangtua
park taman
  national park taman nasional
parking lot, carpark tempat parkir
pass
  to pass *(an exam)* lulus
patient sabar

pay
  to pay for bayar
peaceful tenang
peel it kupaslah (kupas)
  to peel mengupas (kupas)
people, humans, humanity manusia
per person per orang
perfect pas
personality kepribadian
pestle alu
photograph foto
pictures/visuals gambar(nya)
piece
  a piece (of) sebagian
pillow bantal
pimples jerawat
pity
  what a pity kasihan sekali
place it letakan (letak)
  to put, to place meletakkan (letak)
plans, promise janji
plate
  shallow bowl/plate piring
play main
  to play bermain (main)
  player, actor pemain (main)
playground, yard; page halaman
please silakan, minta, tolong, boleh
  please have something to eat
   silakan makan
  please come in silakan masuk
  please have some more! tambah lagi!
plot/story cerita
polite sopan
pollution polusi
population penduduk (duduk)
portion, serve porsi
possibility kemungkinan (mungkin)
pottery tembikar
prawn crackers krupuk
present, gift hadiah
press 'enter' tekan 'enter' *(computer)*
problem masalah
produce
  to produce menghasilkan (hasil)
professional *(person)* juru
promise, plans janji
protect
  to be protected dilindungi (lindung)
put (it) in masukkan (masuk)
  to put, to place menaruh (taruh);
   meletakkan (letak); taruh *(casual)*

Q

quality
  to be of...quality berkualitas...
  the best quality berkualitas terbaik
  of high quality berkualitas tinggi
question pertanyaan (tanya)
quiet *(person)* pendiam (diam)
quiz kuis

KOSA KATA English/Indonesian

R
ready siap
realistic realistis
  unrealistic kurang realitis
really
  oh really? is it like that? oh, begitu, ya!
reason alasan
  for that reason oleh karena itu
receive
  to accept, to receive menerima (terima)
recycle
  to recycle mendaur-ulang
  to be recycled didaur-ulang
refined, smooth, elegant halus
region, area daerah
relaxed, easy-going santai
remain tetap
remember
  to remember ingat
reply
  to reply membalas (balas)
research riset
rest
  to have a rest beristirahat
return
  return, go back kembali
  to be returned to… dikembalikan (kembali)
rice
  uncooked rice beras
  fried rice nasi goreng
  cooked white rice nasi putih
ring (jewellery) cincin
river sungai
rob
  to be robbed kecurian (curi)
romantic movie film romantis
run
  to run berlari (lari)
  to run out of something kehabisan (habis)

S
sad, feeling down sedih
salt garam
  salty asin
satay sate
satisfying memuaskan (puas)
saucepan panci
say
  to say berkata (kata), bilang (casual)
scary, frightening menakutkan (takut)
science fiction film film fiksi ilmiah
secondly yang kedua
self-confident percaya diri, pe-de
sell
  to sell (repeatedly) menjuali (jual)
  seller penjual (jual)
to send mengirimkan (kirim)

sensitive sensitif
serve (it) hidangkan (hidang)
  to serve (repeatedly) melayani
shallots bawang merah
she/he, her/his dia (-nya) (general use)
shoes sepatu
shop assistant pelayan toko
  to go shopping berbelanja
should we? must we? haruskah?
shout
  to shout berteriak (teriak)
show
  to show (films) diputar (putar)
  (films only, lit: to be turned)
to be shut tertutup
shy (person) pemalu (malu)
sick, pain, ache sakit
  feeling sick mual
  I feel sick saya tidak enak badan
  I'm feeling sick/unwell saya sakit
silly, stupid bodoh
  you're just being silly! kamu main-main saja!
silver perak
sing nyanyi
  singer penyanyi (nyanyi)
  to sing menyanyi (nyanyi)
to sit around duduk-duduk
site (Internet) situs
situation keadaan (ada)
skin, leather kulit
sky langit
sleep
  sleep soundly, to have a deep sleep tidur dengan pulas
  afternoon nap tidur siang
  to accidentally fall asleep tertidur (tidur)
slice (of) sepotong
smash
  to smash, break; to solve memecahkan (pecah)
  smashed, broken pecah
smell
  it smells good baunya harum
  sweet-smelling, fragrant harum
smile
  to smile tersenyum
smoke
  to smoke merokok (rokok)
smooth, even rata
snacks makanan kecil
snobby, arrogant sombong
so that sehingga (unintended result); supaya (deliberate result)
so jadi
solve
  to solve memecahkan (pecah)
sometimes kadang-kadang
sorry maaf
  oh, I'm sorry minta maaf
  sorry, it's unfortunate sayang
sour asam
souvenir oleh-oleh

soy sauce kecap
  salty soy sauce kecap asin
  sweet soy sauce kecap manis
speak
  to speak berbicara (bicara)
  to speak bicara (casual)
  to speak openly and honestly terus terang
special khusus
  special effects spesial efek(nya)
spices bumbu
spicy, hot pedas
  spicy, hot food makanan pedas
spoon sendok
sports match pertandingan olahraga
sportsperson, athlete olahragawan
sporty sportif
spring onion daun bawang
sprinkle
  to sprinkle menaburkan (tabur)
square, chapter, step langkah
star bintang
  film stars/actors bintang film(nya)
  to star in… membintangi (bintang)
start
  to start mulai
starve
  to be starving kelaparan (lapar)
state negara bagian
statue patung
step, chapter, square langkah
stir aduk
  to be stirred diaduk (aduk)
stomach perut
  upset stomach, stomachache sakit perut
stone, gem batu
stove, ring burner kompor
straight away, directly langsung
strange, weird aneh
street stall warung
stupid, silly bodoh
style gaya
success
  to be successful berhasil (hasil)
suddenly tiba-tiba
  all of a sudden tiba-tiba saja
sugar gula
suitable, suited to cocok
  not (really) suitable tidak (begitu) cocok
sure; definitely, certainly pasti
  I'm not so sure saya kurang pasti
  don't be so sure jangan terlalu pasti
  I'm not sure yet saya belum pasti
suspense tegang
swear
  to swear berbicara kasar
sweet manis
sweetheart kekasih (kasih)

KOSA KATA English/Indonesian

T

table   meja
tablespoon   sendok makan
take
  to open, to take off   membuka (buka)
talk
  to talk loudly   bercicara dengan keras
tall
  the tallest   tertinggi (tinggi)
to taste   mencicipi (cipip)
teacher   guru
television presenter   pembaca acara TV
tell
  what did I tell you?   apa saya bilang?
    (casual)
tennis player   petenis (tenis)
tension   tensi
terrify
  to be terrified   ketakutan (takut)
test, exam   ujian
than   daripada
thank you (for)   terima kasih
  (atas/untuk)
thanks for your advice!   terima kasih
  atas nasihat kamu!
that…   bahwa…
  I think that…   saya kira bahwa
then   lalu; (later) kemudian
they, them   mereka
to think, to reckon   kira
thirsty
  to be really thirsty   kehausan (haus)
thought   pikiran (pikir)
ticket   karcis
  ticket box   loket
time
  times   kali
  to spend time   luangkan waktu
title, name   judul
tofu   tahu
together
  all together   bersama-sama
tomato   tomat
too (much)   terlalu
total
  sum total   jumlah
trader, importer/exporter   pedagang
tradesperson, skilled labourer   tukang
traditional   tradisional
traveller   pejalan (jalan)
true
  is that true?   yang benar?
  truly   memang
try this/that one   coba yang ini
T-shirt, top   kaus
two
  just the two of us   berdua saja

U

understand
  to understand   mengerti
unreal, extraordinary   luar biasa

until   sampai
  until now   sampai saat ini
us, we   kami (excludes the listener);
  kita (includes the listener)
use
  to use   menggunakan (guna)
  to use up   habiskan (habis)

V

valuable   berharga (harga)
vet   dokter hewan
view, scenery   pemandangan
  (mandang)
viewers, audience   para penonton
visit
  to visit   mengunjungi (kunjung)
vomit
  to vomit   muntah

W

wait   tunggu
  to wait   menunggu (tunggu)
wake
  to wake up   bangun
  to wake up by surprise   terbangun
  (bangun)
  to wake someone up
    membangunkan (bangun)
walk
  to go for a walk   jalan-jalan
wallet   dompet
want
  to be wanted   dicari (cari)
wash (it)   cucilah (cuci)
  to wash something   mencuci (cuci)
watch   tonton
  to watch (a film, TV etc.)
    menonton (tonton)
  to be seen/watched   ditonton (passive)
  wrist watch   jam tangan
water   air
wax   malam
we, us   kami (excludes the listener);
  kita (includes the listener)
weak   lemah
what's up?   ada apa?
whenever, one day   kapan-kapan
which   yang
  which one?   yang mana?
why?   mengapa?
wild   liar
win
  to win   menang
window   jendela
wish for
  to wish for, to desire   ingin
with   dengan; sama (casual)
wok, frying pan   wajan
wood   kayu
wooden puppet   wayang golek
work
  to do, to work   mengerjakan (kerja)

worker   pekerja (kerja)
  office worker   pegawai
world   dunia
  in the whole world   di seluruh dunia
worry
  to worry   kuatir
  don't worry!   jangan kuatir!
write   tulis
  to write   menulis (tulis)
  to be written   tertulis (tulis)
  writer   penulis, juru tulis

Y

yard   halaman
you, your   saudara (very formal);
  anda (formal); kamu (-mu) (own
  age only); engkau (-kau) (very
  casual);
  you/all of you   kalian

Z

zodiac, horoscope   zodiak
zoo-keeper   penjaga kebun binatang

INDONESIA

Lautan India

Lautan India

BURMA

THAILAND

KAMBOJA

VIETNAM

Banda Aceh

Nias

Medan

Danau Toba

Selat Malacca

Padang

SUMATRA

Pekanbaru

Palembang

Jambi

Bangka

MALAYSIA

SINGAPURA

Bandar Lampung

Krakatau

Selat Sunda

Bogor

JAKARTA

Bandung

JAWA

Borobudur

Semarang

Surakarta (Solo)

Yogyakarta

Surabaya

Malang

Denpasar

BALI

Lombok

Sumbawa

Pulau Komodo

Flores

Sumba

Laut Jawa

Pangkalapan

Pontianak

Taman Nasional Tanjung Puting

Camp Leakey

Banjarmasin

KALIMANTAN

Samarinda

Balikpapan

Selat Makasar

MALAYSIA

BRUNEI DARUSSALAM

Laut Cina Selatan

Ujung Pandang (Makassar)

Rantepao (Tana Toraja)

SULAWESI

Kendari

Manado

Laut Celebes (Laut Sulawesi)

FILIPINA

Rofi

Kupang

Timor Barat

Laut Flores

Laut Banda

Buru

Ambon

Seram

Halmahera

Laut Timor

TIMOR TIMUR

Darwin

AUSTRALIA

Laut Arafura

Sorong

Manokwari

Jayapura

IRIAN JAYA

Merauke

Equator

I N D O N E S I A

Tentang Indonesia

Ibu kota: Jakarta
Populasi: 209.000.000
Bahasa nasional: bahasa Indonesia
Jumlah pulau-pulau:17.000.000+
Uang: rupiah
Agama: Islam, Hindu, Katolik, Kristen, Buddha
Iklim: tropis

Scale:
0
100
200
300
400 km

N